+ Office colonial

AGENCE GÉNÉRALE DES COLONIES

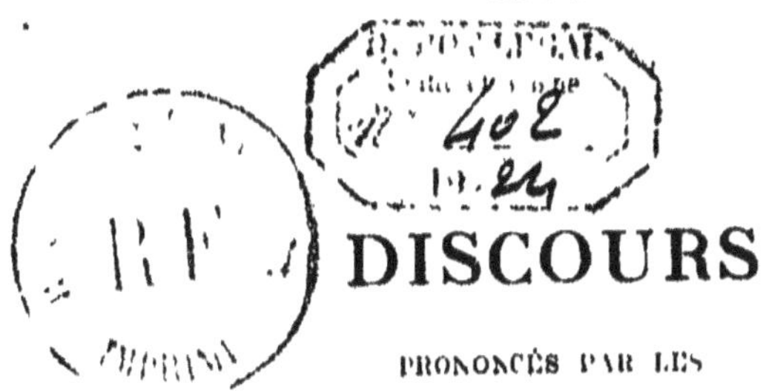

DISCOURS

PRONONCÉS PAR LES

GOUVERNEURS GÉNÉRAUX ET GOUVERNEURS

DES COLONIES

A L'OUVERTURE DES SESSIONS

DES CONSEILS DE GOUVERNEMENT ET CONSEILS GÉNÉRAUX

en 1923

AFRIQUE OCCIDENTALE FRANÇAISE, MADAGASCAR,
INDOCHINE, RÉUNION,
ÉTABLISSEMENTS FRANÇAIS DE L'INDE, MARTINIQUE
GUADELOUPE, GUYANE, NOUVELLE-CALÉDONIE

MELUN

IMPRIMERIE ADMINISTRATIVE

1924

8° Lᵏ⁹
1079

AGENCE GÉNÉRALE DES COLONIES

R. F.

DISCOURS

PRONONCÉS PAR LES

GOUVERNEURS GÉNÉRAUX ET GOUVERNEURS

DES COLONIES

A L'OUVERTURE DES SESSIONS

DES CONSEILS DE GOUVERNEMENT ET CONSEILS GÉNÉRAUX

en 1923

AFRIQUE OCCIDENTALE FRANÇAISE, MADAGASCAR,
INDOCHINE, RÉUNION,
ÉTABLISSEMENTS FRANÇAIS DE L'INDE, MARTINIQUE
GUADELOUPE, GUYANE, NOUVELLE-CALÉDONIE

MELUN

IMPRIMERIE ADMINISTRATIVE

1924

DISCOURS

PRONONCÉ PAR

M. J. CARDE

Gouverneur général de l'Afrique Occidentale française

A L'OUVERTURE

DE LA

SESSION DU CONSEIL DE GOUVERNEMENT

———

NOVEMBRE 1923

———

Discours de M. J. CARDE

Messieurs,

Le Conseil de Gouvernement qui nous rassemble aujourd'hui
devait, tout d'abord, se tenir en décembre. Des circonstances nouvelles en ont avancé la date ; je le regrette, car j'avais l'espoir que le
mois prochain, à l'issue du voyage du Ministre des Colonies — si
ardemment désiré par l'Afrique Occidentale française, et que les travaux du Parlement ont obligé à ajourner — j'aurais pu apporter à
cette même assemblée les enseignements de sa haute compétence,
et, j'en suis persuadé, le réconfort de ses encouragements à la continuation d'une tâche dont les résultats s'affirment de jour en jour
plus profonds, plus durables, définitivement acquis.

J'ai tout lieu d'espérer, néanmoins, qu'il sanctionnera par sa
présence un des grands épisodes de la victoire de l'homme sur
l'hostilité du pays : l'achèvement de la voie ferroviaire projetée
il y a vingt ans, qui constituait une partie importante du grand
programme d'outillage économique si magistralement élaboré par
M. le Gouverneur général Roume et ouvre l'accès de la mer à
l'immense territoire que bornent les colonies côtières. En dépit
des heurts, des difficultés, malgré le cataclysme sans précédent
que fut la guerre, le rêve de 1903 se trouve réalisé ; indice, pour
un pays, d'une volonté de vivre qui ne fléchit pas ; conséquence
des efforts soutenus qui caractérisent les qualités de la race.

Messieurs,

Lorsque le 20 février de cette année, le Gouvernement m'a
fait le grand honneur de m'appeler à diriger les destinées de
l'Afrique Occidentale française, j'ai ressenti tout le prix de cette
confiance ; j'ai eu conscience également du poids de la charge qui
m'était dévolue. Les noms de mes prédécesseurs, de ces « créateurs »

de l'Afrique Occidentale française dont nous aurons bientôt à rappeler le souvenir, en glorifiant leur passé — et dont plusieurs ont
été mes chefs — représentaient à mes yeux comme la quintessence
des qualités de l'Administrateur au sens le plus élevé du mot.
Quelles que fussent les différences de leur tempérament, de leurs
conceptions administratives, ils synthétisèrent tous le dévouement
absolu de l'homme à sa fonction, ils prirent tous comme unique
objectif l'amélioration des conditions de vie de la portion d'humanité dont le sort leur avait été confié. C'est ce don absolu à la chose
publique qui constituera l'apport le plus certain que je fais à mes
nouvelles fonctions. Si le Gouvernement, dans une appréciation
trop flatteuse, y a voulu joindre les résultats de l'expérience d'une
carrière coloniale déjà longue, j'en fais hommage à ceux de mes
prédécesseurs de qui je fus le collaborateur intime dans les Gouvernements généraux de l'Ouest africain : M. le Gouverneur général
MERLIN qui, l'année dernière, présidait à cette place à vos délibérations et à qui, au nom de toute l'Afrique française, j'envoie un
salut reconnaissant pour une carrière consacrée entièrement au
service de sa civilisation et M. le Gouverneur général VAN VOLLEN
HOVEN dont il me suffira de prononcer le nom pour qu'apparaisse
à vos yeux l'image auréolée de gloire de ce grand Français, de ce
héros dont le sacrifice fut complet, dont le souvenir toujours vivant
ne s'estompe pas en dépit des années qui passent....,

MESSIEURS,

Lorsque l'on a l'honneur de commander à un pays d'une
étendue aussi considérable que celle de l'Afrique Occidentale française, à une population de plus de douze millions d'habitants, qui
est en droit d'attendre de notre présence ce que nous appelons
l'amélioration de ses conditions sociales d'existence, la création de
débouchés à son commerce et à son industrie, la tranquillité et
la justice dans son habitat, toutes choses qui se résument pour
elle en la conscience d'un peu plus de bonheur ; lorsque l'on dispose des pouvoirs considérables qui peuvent accélérer ou retarder
l'évolution de toute une humanité, satisfaire ou ruiner ses aspirations, il est indispensable d'avoir sans cesse en vue le but de sa
mission, but que l'infinité des circonstances particulières qui
absorbent la tâche quotidienne risquerait parfois de rendre moins

apparent. Il faut que l'autorité soit mise exclusivement au service
du bien général, qu'elle écarte tout ce qui tendrait à l'en éloigner.
Je parle ici à des Gouverneurs, mes collègues d'hier, mes camarades de longues années, qui me comprennent bien, qui savent
par expérience — car la leur et la mienne s'exercent aux mêmes
fins — quelle responsabilité lourde mais captivante se trouve indis-
solublement liée à cet exercice de l'autorité. Et si, aujourd'hui,
Messieurs, à l'heure où les bilans d'une nouvelle année d'administration vont être déposés sur cette table et vous présenteront des
résultats qui constituent un degré nouveau de l'évolution du
groupe, c'est qu'entre votre réunion de l'an dernier et celle de ce
jour, vous avez, à la place qui vous a été confiée, avec une volonté
ferme appuyée sur le souci de votre responsabilité, avec un labeur
mis à l'épreuve par les obstacles matériels, par les tendances particularistes, par l'hostilité même d'une nature qui ne capitule pas et
continue à faire chèrement payer l'audace de ceux qui la bravent,
vous avez, dis-je, en la pleine conscience de votre rôle, assuré
l'heureuse gestion des richesses placées sous votre sauvegarde.

C'est un moment réconfortant que celui où la peine reçoit
ainsi sa récompense dans l'accès au but qu'elle s'était assigné.
Ne cherchez pas d'autres lauréats que vous-mêmes. Si le Gouvernement général vous a indiqué les directives intéressant tout le
groupe, c'est à vous que le soin incomba de les adapter aux possibilités de vos territoires ; si vous avez eu des collaborateurs qui
aidèrent à votre tâche, des conseillers dont les avis précieux pro-
voquèrent parfois vos décisions, il vous est encore à honneur
d'avoir choisi les uns, écouté les autres.

Dans les paroles que je prononce aujourd'hui et qui forment
en quelque sorte ma présentation à cette assemblée, j'adresse un
particulier souhait de bienvenue à Monsieur le Député du Sénégal
et à tous les Conseillers des Colonies du groupe qui représentent,
à des titres divers, les intérêts communs de populations si différentes pourtant de caractères, de mœurs et de langages. Laissez-
moi voir dans leur réunion autour de cette table l'image de l'aspi-
ration affirmée, ébauchée ou inconsciente encore de toutes les
races de l'Afrique Occidentale à collaborer à l'œuvre entreprise
pour le bien de tous.

Et, Messieurs, quand je vois ici ceux qui près de moi assurent
la direction de mes services généraux — et dont je connais et
j'apprécie certains depuis bien longtemps déjà — et ceux qui,

dans une collaboration dont je sens davantage le prix à l'usage,
m'apportent dans l'exercice des hautes fonctions spéciales qui leur
sont dévolues, non seulement le dévouement sur lequel je suis en
droit de compter, mais encore une confiance absolue, un désir de
communion d'action qui ne tarde pas à revêtir un caractère affec-
tueux — quand je considère quels résultats doivent naître du travail
commun des organes centraux dont j'assurerai la direction avec de
tels collaborateurs et des rouages d'exécution dont des Gouverneurs
d'une semblable expérience dirigeront le fonctionnement, j'augure
l'avenir sous un aspect réconfortant qui me permet d'envisager
allègrement ma tâche.

*
* *

MESSIEURS,

Cette collaboration loyale, indispensable entre le Gouvernement
général et les colonies du groupe, j'ai déjà fait connaître comment
je l'entendais, j'ai indiqué quel souci de décentralisation guiderait
mes actes; j'ai voulu que, dès le début, la situation fût claire, que
nous soyions bien d'accord sur l'étendue respective des pouvoirs de
chacun. Rien n'est plus mauvais qu'un commandement qui ignore
la limite de son action; il se révèle timide, hésitant, timoré, ou, au
contraire, aventureux, désorienté, téméraire, selon le chef qui s'en
trouve investi.

J'ai déjà rendu aux Gouverneurs des Colonies des pouvoirs qui
peu à peu leur échappaient par une action lente et continue de
Services généraux qui confondaient le contrôle avec la direction et
qui bridaient l'action des chefs responsables, là où elle devait s'exercer en toute liberté. Mais, je n'ignore pas que les réformes réalisées sont encore très restreintes, qu'elles constituent des mesures
d'ordre secondaire qui faciliteront, certes, l'action de l'administration locale mais qui ne suffiront pas à lui donner cette empreinte
bien nette d'autonomie administrative et financière à laquelle je
tends; empreintes que voulurent laisser les décrets organiques, que
le temps effaça peu à peu et qui ne réapparaîtra que si de nouveaux
textes marquent dans l'édifice administratif la volonté de consolider
les bases et non point de surcharger le faîte au détriment de la
solidité de l'ensemble.

La seule réforme de quelque importance que j'ai pu réaliser, dans cet ordre d'idées, est celle qui a replacé les Inspecteurs généraux dans le rôle exact pour lequel ils ont été créés : ce sont des conseillers techniques qui participent, sous ma direction, au contrôle des services d'exécution ou de gestion, ce sont surtout des organes d'inspection qui opéreront dans les colonies du groupe le contrôle des services techniques correspondants, soit d'office, soit sur la demande des Lieutenants-Gouverneurs, mais toujours sous la haute autorité de ces derniers.

J'ai soumis d'autres textes au Département, j'ai bon espoir qu'ils soient adoptés, je ferai le maximum dans ce sens car, je l'ai déjà dit, je tiens à ce que les Lieutenants-Gouverneurs soient les maîtres chez eux. Ils sont responsables, devant moi, de la bonne marche de leur colonie, je ne puis leur faire endosser cette responsabilité que si je leur laisse la liberté de leur initiative et de leur action. Ce n'est d'ailleurs pas là une charge que je leur impose, c'est une prérogative qu'ils revendiquent à juste titre, car ils sentent bien qu'elle est inséparable de leur commandement. Pour ma part, la responsabilité qui m'incombe n'est pas moins lourde puisque j'assume devant le Ministre celle qui ressortit à mes attributions propres et la somme des responsabilités de chacun.

Je suis convaincu que cette politique de décentralisation, dont je veux faire la marque dominante de mon administration, est la seule qui permette, dans une compréhension bien nette des rôles respectifs, d'agir avec toute l'aisance désirable. C'est du reste cette théorie administrative qui s'affirme la meilleure dans le présent et qui s'imposera dans l'avenir; c'est la seule qui permette l'évolution harmonique d'un pays. Pendant le court séjour que j'ai fait à Paris et qui a été mon premier contact avec les affaires de l'Afrique Occidentale française — j'entends les affaires actuelles, car aux heures tragiques de la guerre je me trouvais intimement mêlé à Dakar aux efforts touchant au sacrifice entier que les Colonies faisaient pour la Métropole — à Paris donc, j'ai vu le Ministre et j'ai vu les Directeurs de son Département. J'ai ressenti combien partout on était favorablement disposé pour l'Afrique Occidentale et je me suis rendu compte que dans l'atmosphère de confiance qui m'entourait, je pouvais librement faire part de mes intentions, de mes projets, des méthodes à adopter, des réformes à réaliser. C'est ce que j'ai fait et c'est l'assurance de ce haut appui, Messieurs, que je vous apporte ici: nos efforts seront suivis avec intérêt, j'en ai la pro-

messe — et le Ministre en attend les résultats avec d'autant plus
d'attention que s'ils sortiront de l'acti . des hommes il seront
aussi la conséquence de cette doctrine de décentralisation dont
M. Albert SARRAUT s'est fait le protagoniste convaincu à la tête
de son Département ministériel et le réalisateur fécond au Gouvernement général de l'Indochine.

*
* *

MESSIEURS,

Une tâche est d'autant moins lourde que ses composantes, si
j'ose dire, se présentent plus favorablement. A cet égard, la situation politique — qui n'en est pas une des moindres — nous donne
en général les plus grandes satisfactions. La tranquilité la plus
complète règne sur toute l'étendue du territoire. Partout l'indigène
vaque à ses travaux, sans autre souci que le croît de son troupeau,
le fruit de sa récolte, les bénéfices de son industrie ou de son
commerce.

Dans l'ensemble, il reste indifférent aux excitations du dehors,
quelle que soit leur origine ; le panislamisme, à l'exception de quelques rares marabouts qui cherchent à l'exploiter surtout pour leur
profit personnel, le laisse indifférent et le garveyisme a disparu
aussitôt né, peut-on dire ; quelques agitateurs, appartenant à certains
milieux avancés de la Métropole, ont cherché à implanter leurs doc-
trines extrémistes parmi les indigènes les plus évolués de la côte et
à y recruter des adhérents ; ils n'ont eu aucun succès.

C'est cependant, sans aucun doute, à cette propagande que
nous devons l'agitation qui s'est produite au mois de février dernier
dans le cercle de Porto-Novo, région où la population passe d'ailleurs depuis assez longtemps déjà pour avoir une attitude frondeuse.
Le prétexte en a été la perception de nouvelles impositions et la
levée annuelle du contingent militaire.

Notre intervention fut aussi prompte que ferme et quelques
jours suffirent pour rétablir l'ordre, sans aucune effusion de sang.
Les sanctions prononcées contre les meneurs ont eu un effet salutaire sur leurs compatriotes et leur ont montré notre volonté inébranlable de ne pas souffrir que des factieux puissent mettre en péril
la souveraineté de l'État.

Ces événements n'ont eu, au surplus, aucun retentissement dans les colonies voisines, ni même en dehors de la circonscription de Porto-Novo. S'ils sont symptomatiques de la pernicieuse influence que peuvent exercer les propagandes extrémistes dans certains milieux indigènes, ils ne constituent cependant qu'une manifestation isolée dont les effets n'ont pas dépassé les limites d'un cercle.

Ce fut à l'intérieur des colonies du groupe le seul fait marquant de l'année. Partout ailleurs, la population fait preuve du meilleur esprit. L'individualisme des populations sylvestres de la côte cède devant la ténacité organisatrice de nos administrateurs. Chez les Lobis, l'application des méthodes d'approvisionnement se poursuit dans des conditions dont on peut augurer une évolution désormais plus rapide de ces populations attardées.

Les administrations locales, libérées de tout autre souci, reportent leur effort sur le développement des œuvres d'intérêt économique et social, très utilement secondées dans cette tâche par le concours de jour en jour plus actif des chefs indigènes. De sérieux progrès à cet égard ont été réalisés dans la voie d'une coopération plus large. Les conseils de notables vont partout se multipliant. Les chefs prennent conscience des devoirs de leur charge. De judicieux remaniements dans les chefferies épurent le commandement indigène et le raffermissent.

Cette collaboration s'impose à nous comme un devoir et comme une nécessité. Elle s'inspire du libéralisme qui a toujours été à la base de notre politique coloniale ; elle répond aux légitimes aspirations de la population ; elle complète une organisation qui souffre de la pénurie des cadres européens. C'est par l'intime association de tous les éléments d'autorité épars dans le pays, c'est par une interpénétration continue des méthodes, des mentalités, des intérêts, que nous parviendrons plus sûrement à guider vers des destinées plus hautes les peuples qui se sont confiés à notre tutelle. Le commandement indigène doit être le plus solide point d'appui du levier avec lequel nous nous proposons d'élever la masse.

C'est à la vertu de ces principes que nous devons cette pléiade d'associés, les El Hadj Malic Sy, les El Hadj Abdoulaye, ces deux grands amis de la France dont nous avons eu à déplorer la mort l'année dernière, les Cheikh Sidia, les Bouna N'Diaye, les Moro Naba, les Bokar Biro — pour ne citer que les meilleurs — sans compter la foule innombrable de dévouements plus modestes qui mettent aujourd'hui leur influence et toute leur activité au service de la grande famille française à laquelle ils appartiennent désormais. Mais il nous reste à pousser toujours davantage l'instruction de ces précieux auxiliaires. Il nous reste à leur assurer le minimun de bien-être indispensable à la dignité de leurs fonctions.

N'est-ce pas à cette collaboration des chefs que nous devons cette soumission parfaite de l'indigène à nos sujétions d'ordres divers? Qu'il s'agisse de collecter l'impôt, de fournir les prestations, de rassembler les recrues ou des manœuvres pour nos chantiers publics; qu'il s'agisse de rendre la justice ou de collaborer à nos investigations de police ; qu'il s'agisse de participer à nos œuvres d'assistance et de prévoyance; dans toutes les branches de notre activité administrative, nous les trouvons toujours à notre côté, fidèles exécuteurs de nos ordres.

On ne saurait trop redire que, grâce à leur concours, nous avons pu, tout en participant au ravitaillement de la Métropole, jeter pendant la guerre 150.000 hommes sur les champs de bataille. Et après ce formidable effort faire entrer, sans trop de heurt, le principe de la conscription dans les mœurs indigènes.

La population peu à peu s'accoutume à considérer le service militaire comme une obligation normale. Elle s'y soumet avec une bonne volonté qui s'accentue à mesure que s'affirme notre désir de rendre cette charge aussi légère que possible. De notables progrès ont été réalisés dans la recherche des meilleures conditions d'application du décret de 1919. Les sondages effectués l'année dernière ont permis de déterminer les bases d'une répartition plus équitable des contingents, tout en tenant compte encore des conditions ethniques, économiques, politiques et géographiques des différentes régions de l'Afrique occidentale française. Des recensements de plus en plus serrés préparent l'établissement des tableaux prescrits par le décret. C'est un travail de longue haleine qui exigera encore de nombreuses années. Des dispositions ont toutefois été prises en vue d'assurer dès à présent l'identification parfaite des recrues et leur classsement sans confusion dans les différentes portions du contingent. Le tirage au sort, très en faveur auprès des populations indigènes, se répand et se substitue presque partout à la désignation plus ou moins arbitraire des chefs. La période des appels a été définitivement établie entre le 1er décembre et le 1er mai, de manière à ne par déranger la population à l'époque des cultures. Dans le but de lui épargner de trop longs déplacements, les commissions mobiles opéreront dorénavant dans chaque canton. Les recrues sont habillées et reçoivent leur prime le jour même de leur incorporation.

La sollicitude dont s'inspirent ces mesures n'échappent pas à la perspicacité de l'indigène et elle fait, peu à peu, tomber les appréhensions du début. Réserve faite des incidents de Porto-Novo, où, d'ailleurs, la population a dû fournir ses contingents normaux, les opérations du recrutement se sont déroulées, cette année, dans l'ordre le plus parfait. Le contingent total a été de 11.000 hommes, moyenne qui pourra être portée, d'après les derniers recensements, à 15.500. Ce chiffre paraît bien être la limite de l'effort qu'il est raisonnablement possible de réclamer d'une population de 12.000.000 d'habitants, qui se réduit à 10.000.000 après élimination des éléments dont on ne peut encore, pour des raisons politiques, exiger le service militaire, et chez qui le coefficient d'inaptitude physique atteint un pourcentage élevé chez les jeunes gens en âge d'être appelés.

Il m'est impossible de parler de cette importante question du recrutement sans rendre hommage à l'effort fourni dans toutes les Colonies, tant par les Lieutenants-Gouverneurs que par les Administrateurs des cercles, pour assurer au mieux la levée annuelle des contingents. Je tiens aussi à dire tout le bien que je pense des instructions préparées à ce sujet par le général CLAUDEL, instructions si claires et précises qu'elles permettent à chacun d'obtenir ces excellents résultats ; là, comme dans toutes les autres mesures d'ordre militaire, j'ai trouvé la preuve de son intelligence lucide et ferme qui me rend si précieuse sa collaboration de chaque jour.

*
* *

La situation n'est pas moins satisfaisante à l'extérieur qu'à l'intérieur. Nous entretenons avec les enclaves étrangères de la côte des relations de bon voisinage. Sur les confins mauritaniens, nos rapports avec les tribus s'inspirent d'une bienveillante neutralité et parfois d'un sentiment plus cordial. Le rayonnement de notre prestige nous attire des sympathies que consacrent des traités d'amitié, tels ceux que nous avons conclus l'année dernière avec les Oulad Delim et, cette année, avec les Izergniin du cap Juby. Les Ahel Ma el Ainin, un moment divisés par l'assasinat de CHEIKH NEMA, paraissent vouloir se regrouper ; mais ils ont perdu de leur influence : MEREBI

Rebbo n'a pas l'envergure de ses prédécesseurs. Les Regueibat fournissent bien encore quelques éléments dans la constitution des rezzous qui font périodiquement leur apparition sur les bords du Niger; mais ils tendent à se consacrer, de plus en plus exclusivement, aux soins du commerce et de l'élevage. Plus à l'est, la vigilance de nos postes avancés et une liaison toujours plus étroite avec l'Algérie et le Maroc assurent une protection efficace contre les rezzous du désert.

Ceux-ci ont manifesté cette année une activité en recrudescence. Après les retentissants échecs d'Anreschaye et d'El Guettara, en novembre 1921, les Kountas et les Bérabichs dissidents étaient rentrés dans leurs repaires de la Seguiet El Hamra fort meurtris, mais décidés à prendre une éclatante revanche.

En février 1922, un Marocain avait fait à la région de Tombouctou des offres de soumission au nom des Bérabichs de Mohamed oul Méhlmet et de son fils Khelifa mais il n'avait aucun mandat car, bien que tous les moyens qu'il demandait aient été mis à sa disposition, il ne fit aucune démarche.

Dans les premiers jours du mois de septembre, le Maroc nous avisait qu'un rezzou de quatre cents fusils, composé de Kountas, de Bérabich, de Regueibat, d'Ait Oussa et de quelques Telamid, avait quitté la région de Tindouf le 15 août et se dirigeait vers l'azaouad par l'Iguidi. Quelques jours plus tard, Gao recoupait le renseignement et précisait que le rezzou paraissait s'être fractionné en trois colonnes avec trois objectifs différents.

Le 29 septembre au matin, après avoir attiré le chef du détachement sur une fausse piste, le rezzou tombait à l'improviste, avec ses 225 fusils, sur le carré du peloton méhariste en grand'garde à 90 kilomètres au nord de Tombouctou. Nos méharistes firent une vaillante défense qui dura près de sept heures. Mais, accablés sous le nombre et réduits à 10 % de leur effectif, les derniers survivants devaient se replier sur Tombouctou, non sans avoir percé au travers de la ligne ennemie. Nous laissions sur le terrain ou entre les mains des pillards un sergent européen, 56 tirailleurs ou partisans et 250 chameaux. Avec une décision et une promptitude remarquable, le commandant Fouché, commandant par intérim la région de Tombouctou, organisait aussitôt la contre-attaque. La colonne, constituée en moins de quatre jours, se portait à la poursuite du rezzou; elle l'atteignit le 6 octobre sur la rive nord du lac Faguibine; elle l'attaquait avec le concours de nos partisans Kel Antassar et le contraignait à se disperser en abandonnant la totalité de ses prises, la plus grande partie de ses animaux et de ses bagages ; 71 pillards étaient tués, 16 étaient faits prisonniers (dont un des chefs du rezzou), 400 captifs étaient délivrés. Notre échec du 29 septembre était donc largement et rapidement vengé et la défaite de nos adversaires aura un profond retentissement dans la Seguiet El Hamra. Nos vaillantes troupes de couverture, dans le rôle ingrat et obscur qui leur est dévolu, ont donné là un nouvel exemple de leur courage aussi bien dans la défensive que dans la contre-attaque, et je sais être votre interprètre, Messieurs, en saluant bien bas les vaillants soldats qui viennent si bravement de donner leur vie pour la sécurité de nos populations sédentaires.

Sur les confins tripolitains nous n'avons eu à enregister, cette année, aucune incursion des rezzous fezzanais. La situation demeure toutefois incertaine depuis que la mort de BOUTSEIN a libéré KHALIFA des préoccupations qui, depuis plusieurs années, retenaient son attention vers le Nord. Au Tibesti, nos relations avec le derdé MAY CHAFFANNI paraissent toujours empreintes de la plus franche cordialité en dépit des bruits — non confirmés — suivant lesquels le chef TOUBBOU aurait été sollicité par les chefs de la Senoussia en vue d'une action commune contre les étrangers.

Nos relations avec l'Afrique du Nord se resserrent de jour en jour au travers du Sahara ; le mouvement caravanier reprend sur la route d'Agadez-Djanet et Rhât ; le capitaine BUCHANAN, de l'armée anglaise, s'est rendu, sans encombre, à la fin du premier trimestre, d'Agadez à Tamanrasset ; la mission américaine Gibbons est avrivée à Tombouctou le 15 juin, venant du Sud-Algérien ; trois avions des lignes Latécoère ont accompli en mai le trajet aller et retour Casablanca-Dakar ; enfin, après le raid Citroën : In Salah-Tombouctou, qui fut un triomphe pour l'industrie française, voici que s'organisent deux nouvelles missions de reconnaissance : Colomb-Béchar-Bourem (étude d'un tracé de chemin de fer transsaharien) et Tunisie-Tchad (liaison entre Bir-Pistor et Fort-Lamy par auto-chenilles Citroën).

Il faut sans doute voir dans tous ces faits les résultats heureux de la politique de pacification du Sahara poursuivie en coordination avec les unités d'Algérie. Cependant, nous n'en sommes pas encore au stade de la sécurité complète. Trop de régions nous entourent dans lesquelles les puissances souveraines n'ont pas pu asseoir, pour des raisons diverses, leur domination effective. Une collaboration plus étroite doit être recherchée, mais c'est surtout sur nous-mêmes qu'il faut compter pour faire régner dans la partie du Sahara qui nous est dévolue, la paix française. C'est là un devoir d'autant plus impérieux que la réalisation, peut-être prochaine, du transsaharien, va créer à l'Afrique-Occidentale française des obligations auxquelles elle doit se préparer dans un esprit d'entier dévouement à cette œuvre d'intérêt national.

*
* *

MESSIEURS,

Faire signer la paix dans le territoire, apaiser les querelles intestines, donner peu à peu conscience à l'indigène d'une personnalité indépendante de celle de la masse qui, trop longtemps, a guidé ses réflexes, telles sont les premières bases de notre politique coloniale. Mais celle-ci resterait vaine — quels que soient les efforts qu'elle aurait pu nous coûter — si elle se limitait à ces résultats.

Envers ces populations, soit que nous les ayions affranchies du joug de dominateurs qui les sacrifiaient à leurs propres appétits, soit que nous les ayions tirées de l'indolence et de l'indifférente apathie où s'annihilent peu à peu les qualités de l'homme, nous avons pris l'engagement tacite, en venant nous ingérer dans leur évolution, de faciliter leur accès aux conditions meilleures des civilisations européennes. Et dès lors apparaît la nécessité d'améliorer les conditions mêmes de leur propre existence, d'en faire des hommes aptes à nous aider dans l'œuvre de progrès que nous voulons poursuivre avec leur concours.

Il me paraît inutile, Messieurs, de vous faire ici l'apologie de l'assistance médicale. Je ne vous dirais rien que vous ne sachiez déjà, nos opinions sont semblables en cette matière et le développement croissant que prend cette forme de notre action révèle un souci commun d'en propager les heureux effets. Je me bornerai donc à rappeler les résultats que nous avons enregistrés en 1923 malgré la pénurie toujours sérieuse du personnel médecin, dont les années de guerre ont tari le recrutement et dont les cadres se reforment bien lentement.

Si l'on envisage les colonies dans leur ensemble, on note qu'en 1923 — à l'exception de Dakar — la moyenne mensuelle des consultations est de 143.225 ; celle des journées d'hospitalisation de 23.557 et le nombre moyen mensuel des vaccinations jenneriennes de 136.144.

Ces chiffres n'avaient encore jamais été atteints ; et, cependant, au cours de cette année, la tâche du Service de Santé fut rendue plus difficile en raison de l'état sanitaire de quelques-unes des colonies du groupe : Soudan et Haute-Volta, où la fièvre récurrente a sévi avec intensité ; Niger, où la méningite cérébro-spinale a fait plus de 1.500 victimes ; Sénégal, où la peste a frappé certains postes ; Dahomey, menacé par le typhus amaryl signalé dans les colonies étrangères voisines.

A Dakar même, l'œuvre d'assistance s'est traduite en dix mois par 66.784 journées d'hospitalisation, tant à l'hôpital indigène qu'à la maternité indigène, et par 95.204 consultations données dans ce dernier établissement et à l'Institut d'Hygiène. Ces différents établissements hospitaliers ou sanitaires de Dakar sont de plus en plus fréquentés par l'élément local de la ville et même des cercles voisins.

Le laboratoire de recherches microbiologiques que le Gouvernement général ouvrait à Dakar en 1913 a fonctionné, depuis sa création, sous la dénomination de Laboratoire de Bactériologie et de Zootechnie de l'Afrique Occidentale française, puis d'Institut de Biologie. Outre les examens qu'il effectue journellement pour les malades des hôpitaux et de la ville, ou pour les colonies du groupe (5.800 examens en dix mois en 1923) et la préparation des vaccins qui lui incombe, en particulier des vaccins antirabique, antipesteux, antivariolique, il a produit chaque année de nombreux travaux scientifiques. L'importance de ces travaux aurait pu s'accuser davantage si l'Administration ne se trouvait contrainte de limiter, en rapport avec les ressources de son budget, les crédits annuellement affectés à cet établissement où la nécessité de développer brusquement un effort financier peut cependant surgir inopinément au cours de recherches que l'intérêt général commande de poursuivre.

Devant cet état de choses et par analogie avec ce qui a déjà été réalisé en Indochine et en Afrique équatoriale, une entente a paru nécessaire avec un organisme scientifique puissant capable de venir en aide à notre laboratoire de recherches, soit pécuniairement, soit éventuellement, en mettant à sa disposition les ressources de son personnel. Une convention établie sur ces bases a été signée avec l'Institut Pasteur de Paris, dont l'Institut de Biologie deviendra une filiale qui consacrera ses efforts à des recherches intéressant l'Afrique Occidentale et restera à la disposition du Gouverneur général pour toute mission scientifique que ce dernier jugera utile de lui confier.

Le laboratoire de Kindia, que l'Institut Pasteur de Paris fait construire avec l'aide du Gouvernement général et qui a fait l'objet d'une convention signée, en 1922, par M. le Gouverneur général MERLIN, pourra utilement travailler en harmonie avec l'Institut Pasteur de Dakar. Cet établissement est en voie d'achèvement.

L'École de Médecine, dont le personnel enseignant et les élèves assurent presque entièrement le service d'assistance à Dakar, compte, actuellement, 43 élèves médecins, 6 élèves pharmaciens, 12 vétérinaires. Les élèves sages-femmes sont au nombre de 40 (les promotions de 1923 ne sont pas comprises dans ces chiffres). L'École de Médecine peut donc fournir au Service de Santé des auxiliaires possédant une instruction technique suffisante pour le seconder utilement et plus particulièrement dans l'œuvre d'hygiène et de prophylaxie qui reste à la base de la protection des races africaines.

Le temps seul permettra de porter une appréciation définitive sur l'œuvre entreprise depuis 1918 et sur la manière dont l'enseignement médical de nos indigènes a été compris. Il semble bien toutefois, en ce qui concerne les médecins auxiliaires, que les Gouverneurs des colonies du groupe et les Chefs du Service de Santé ont, pour la plupart, trouvé dans ceux qui ont déjà été mis à leur disposition, des aides dévoués et d'une instruction technique très satisfaisante.

Quant aux sages-femmes, leur dévouement est aussi certain et si, dans certaines colonies, les résultats de leur action se sont trouvés moins affirmés qu'ailleurs, c'est que celle-ci s'est heurtée à l'hostilité du milieu imbu encore des pratiques ancestrales, qui exigent le recours au féticheur ou à la matrone et préconisent la méfiance vis-à-vis des sages-femmes dressées à nos méthodes. Ici, comme ailleurs, il faut compter sur le temps et sur l'action persuasive de l'Administration, qui émanciperont les races attardées encore à des coutumes qui déjà s'effritent au contact des réalités qu'apporte la science.

*
* *

Il est une autre forme de notre emprise sur les habitants de ce pays dont il n'est plus possible de nier l'importance, dont la nécessité s'est avérée au cours des années : c'est celle de l'enseignement. C'est par l'enseignement apporté aux jeunes générations que naîtra cette communauté d'idées qui lie les races dans un même désir de progrès. Pour lutter contre les tares héréditaires, il ne faut pas s'adresser aux anciens, asservis par des traditions séculaires, il faut former la mentalité malléable de l'enfant afin qu'il s'affranchisse du passé et perfectionne son éducation générale.

Mais qu'on ne se trompe pas sur cette expression, il ne s'agit pas de soustraire l'enfant à ce qui, dans la famille, dans le groupe, en font un être adapté au sol qui le nourrit. Il ne deviendrait qu'un déraciné chez lequel on aurait fait naître des aspirations dont il chercherait en vain l'écho autour de lui. Il s'agit surtout d'entreprendre son éducation morale, faire de lui un «homme» pour le préparer à vouloir et à pouvoir être utile dans le cadre où sa naissance a fixé sa place.

S'il est nécessaire que cet enseignement : celui du maître d'école, soit répandu jusque dans les moindres villages, il est également indispensable que l'instruction supérieure soit réservée à l'élite absolue. Combien faut-il se montrer prudent dans cette voie ! tout pas en avant est définitivement acquis et si l'institution se trouve créée avant que le milieu ne soit suffisamment mûr pour la recevoir elle engendre les pires mécomptes. Nous avons la responsabilité du but à atteindre ; pour y accéder, il nous faut employer les plus sûrs moyens de rendre les résultats certains et durables et non point satisfaire au désir d'une réalisation active qui ne ferait illusion qu'aux non-initiés et tromperait les populations elles-mêmes. Ce serait la faillite de notre œuvre. J'ai précisé, dans une circulaire récente, les conditions dans lesquelles devaient se créer cette élite : élite des maîtres, élite des élèves : elles sont fonction l'une de l'autre. Déjà les écoles du Gouvernement général, après la tentative infructueuse de 1918, d'intensifier la formation des fonctionnaires indigènes en dehors de toutes proportions avec la capacité scolaire des colonies et surtout avec leurs besoins en personnel, ont été ramenées à une limitation plus exacte de leur rôle. Ce sont des écoles d'exception et j'estime que la formation de fonctionnaires ou d'ouvriers indigènes peut aussi bien avoir lieu dans les colonies du groupe qu'à Dakar. La diffusion de l'enseignement primaire et le nombre croissant d'élèves, aux écoles du troisième degré, permettra d'obtenir une base sérieuse de recrutement pour les besoins ordinaires des colonies. Il est bien certain que tous les élèves des écoles ne peuvent,

malgré l'instruction acquise, prétendre à un emploi administratif.
Dans le commerce, dans l'industrie et surtout dans l'agriculture, de
nombreuses places attendent leur bonne volonté; si l'école enlève
à la famille l'enfant, facteur de production, qui concourt pour une
grande part aux travaux domestiques et agricoles, il est bon qu'elle
le rende au milieu dont il est momentanément sorti afin qu'il y
revienne plus instruit, mieux adapté à la lutte et qu'il soit par son
exemple un élément de propagande du mieux-être social acquis
au contact de notre expérience. C'est par cette action continue,
renforcée chaque année par les apports nouveaux de jeunes gens
plus instruits que s'affirmeront dans la masse les idées de civilisation et de progrès social qui transforment les générations.

A cette masse, pendant des années, la simple pratique de notre
langue suffira, mais il est indispensable qu'elle se répande dans tout
le territoire. Dans un pays où les dialectes sont multiples, la nécessité d'une langue commune s'impose de plus en plus à mesure que
le pays s'ouvre aux courants économiques et cette langue ne peut
être que celle de la nation souveraine dont la pratique courante est
inséparable de la nécessité d'une collaboration étroite entre les
éléments européens et indigènes, collaboration non pas réduite
comme on l'entend trop souvent au travail des bureaux, mais élar-
gie à toutes les branches de la vie politique et économique du
pays.

Nous avons l'heureuse fortune d'être aidés dans notre œuvre
d'enseignement par le désir d'instruction de la population même.
Au cours de l'année dernière, 27.000 élèves ont fréquenté les
diverses écoles de l'Afrique Occidentale française, plus de 30.000
si l'on y joint les cours d'adultes; les enfants assaillent l'école de
village, ils sont fiers des mots qu'ils apprennent au contact du
moniteur et dont ils sont heureux de saluer l'Européen au passage;
l'instruction scolaire n'est pas pour eux une obligation pénible,
c'est un passe-temps, une récréation. Accueilli de cette façon, un
langage se répand sans difficulté. D'ores et déjà, dans les coins les
plus reculés de la brousse, on trouve des indigènes parlant notre
langue ou tout au moins susceptibles de la comprendre.

L'œuvre est loin d'être terminée puisque le chiffre, pourtant
important d'élèves que j'ai cité plus haut, ne représente qu'une
unité sur 45 enfants d'âge scolaire, mais la progression, fonction de
possibilités financières, s'accentue: la proportion, il y a deux ans,
n'était que d'un élève sur 57 enfants.

Guidée par un désir aussi affirmé, de part et d'autre, de répandre ou de recevoir les bienfaits de l'instuction, notre tâche se trouve singulièrement facilitée; ses effets salutaires se manifestent avec rapidité.

*
* *

Messieurs,

La paix ainsi comprise, génératrice de progrès sociale est la paix française; c'est celle qui fait entrevoir à l'habitant la possibilité d'un avenir paisible et meilleur. Aussi le pays s'est-il ouvert depuis longtemps à la vie économique et, très avant dans l'intérieur, les champs de culture ont pris la place des champs de razzias. L'indigène s'attache à la terre car il a compris quelle source de profits elle présente lorsque l'effort de l'homme en vient accroître la fertilité.

Mon prédécesseur vous faisait part, il y a un an, des constatations favorables auxquelles donnait lieu la situation économique de l'Afrique. Occidentale française. Les chiffres actuellement connus de 1923 confirment encore, pour l'année qui va bientôt s'achever l'heureux accroissement de l'activité générale du pays. Pour les trois premiers trimestres de l'année en cours, l'ensemble des échanges s'élève déjà à environ 700 millions de francs marquant une sérieuse avance sur le mouvement commercial des trois premiers trimestres de 1922 qui n'avaient été que de 465 millions; et les résultats de 1922 dénotaient eux-mêmes, cependant, par rapport à ceux de 1921, une très sensible amélioration. Il est vraisemblable que la valeur du commerce total de l'année entière dépassera 800 millions de francs et approchera même de 900 millions.

Le progrès est donc des plus notables. Et qu'on ne croie pas qu'il s'enregistre simplement dans la valeur des échanges ; il correspond, en réalité, à une augmentation appréciable des quantités de marchandises importées et de produits exportés. Les tissus de coton, notamment, principal aliment du trafic d'entrée, s'inscrivent pour un volume supérieur de près de 50 p. 100 à celui de l'année précédente ; au 30 septembre 1923 il en a été importé, en effet, environ 3.800 tonnes contre 2.600 en 1922 à la même époque. A l'exportation, d'autre part, les statistiques des neuf premiers mois font ressortir une sortie, pour ne citer que les grands produits, de

242.400 tonnes d'arachides en 1923 contre 232.500 en 1922, de 43.600 tonnes d'amandes de palme contre 37.900, de 18.000 tonnes d'huile de palme contre 14.200, de 69.900 mètres cubes de bois contre 57.900, de 2.600 tonnes de cacao contre 1.700. Seule la gomme arabique marque un fléchissement avec 1.900 tonnes contre 2.900. Par contre, une mention spéciale doit être donnée à la reprise du commerce de caoutchouc qui a porté sur 1.120 tonnes en 1923 alors qu'en 1922 la quantité exportée pendant les neuf premiers mois était de 281 tonnes seulement. Au total, l'ensemble des produits exportés représente 363.000 tonnes au 30 septembre 1923 contre 336.000 pendant la période correspondante de 1922. Pour mesurer l'amplitude du développement qu'expriment ces chiffres, qui ne s'appliquent qu'à trois trimestres, il suffit de considérer que pendant la dernière période quinquennale d'avant guerre, de 1909 à 1913, le tonnage de sortie était, en moyenne, de 330.000 tonnes par an.

Comme on peut le constater d'après les chiffres que je viens de citer, les seules arachides, produit de culture, représentent les deux tiers, en poids, du commerce d'exportation de l'Afrique Occidentale française. On voit la place que tient, dans l'économie générale du pays, le rendement plus ou moins satisfaisant de la récolte de ces graines. Or, la récolte de cette année, d'après les renseignements parvenus à ce jour des principales régions de production, serait exceptionnellement bonne, permettant ainsi d'entrevoir un nouveau développement du mouvement des affaires.

Je parlais à l'instant des tissus de coton. Je dois à la vérité d'indiquer que si les quantités importées se sont accrues au cours des années 1922 et 1923, elles sont encore bien inférieures aux chiffres d'avant guerre. La moyenne annuelle de 1909 à 1913 était de 9.565 tonnes. Elle n'est plus, de 1919 à 1922, que de 4.074 tonnes. La cause de cette restriction de consommation est très claire. Elle réside simplement dans la cherté de l'article manufacturé offert à l'indigène. D'après les statistiques douanières, les 11.378.370 mètres de guinées et similaires importés en 1913 valaient 4.513.921 francs, et les 8.083.668 kilos d'autres tissus de coton : 38.146.935 francs. Le prix moyen du mètre de guinée était donc de 0 fr. 39, celui du kilo des autres tissus de coton de 4 fr. 72. En 1922, dernière année dont les résultats soient connus, nous notons les chiffres suivants : 9.448.480 mètres de guinées valant 21.289.869 francs, soit 2 fr. 25 le mètre, et 3.861.658 kilos

d'autres tissus de coton valant 93.984.101 francs, soit 24 fr. 34 le
kilo. Le coefficient d'augmentation de valeur est donc de 5,7 pour
les guinées et de 5,1 pour les autres tissus de coton. Si nous consi-
dérons maintenant les produits d'exportation achetés à l'indigène,
nous remarquons, toujours d'après les mêmes statistiques, que
le coefficient d'augmentation de valeur des trois grands produits
oléagineux est loin d'atteindre un taux aussi élevé ; il de 2,1 pour
les arachides (24 fr. les 100 kilos en 1913 et 52 fr. 60 en 1922),
de 1,8 pour les amandes de palme (37 fr. 42 les 100 kilos en 1913
et 66 fr. 60 en 1922) et de 2,2 pour l'huile de palme (49 fr. 52
les 100 kilos en 1913 et 111 fr. 78 en 1922). La capacité d'achat
de l'indigène a donc subi, cela n'est point douteux, une forte
diminution qui a influé directement sur la consommation des
tissus importés.

Un autre facteur non moins important a joué : ce que le commerce européen des tissus de coton perd par une élévation exagérée
des prix, l'industrie locale de la fabrication des tissus indigènes le
gagne par un redoublement de rendement. Les indications reçues
des régions les plus diverses de l'Afrique Occidentale française sont
unanimes et concordantes sur ce point ; partout on assiste à une très
active reprise de ce travail de tissage qu'avait fait abandonner peu
à peu le bon marché alléchant des cotonnades françaises et étrangères. Le prix excessif actuel de ces dernières incite naturellement
le consommateur indigène à rechercher un produit, moins varié
sans doute dans la voyante couleur de ses dessins, mais moins cher
et d'une solidité à l'usage peut-être supérieure à celle de l'article
de traite importé. Il y a là un avertissement d'une importance d'autant plus capitale que la culture du coton se développe de tous
côtés. Il sera sage d'en tenir compte dans les mesures qui pourraient
modifier notre régime fiscal économique.

C'est surtout à l'intensité du commerce d'exportation que se
mesure le véritable progrès du développement économique de
l'Afrique-Occidentale française, l'importance de ses ventes à l'extérieur étant directement fonction de la mise en valeur de son sol.
Une politique agricole méthodique, s'inspirant sagement des possibilités qu'offre le pays mais résolue à tirer de ses possibilités le
maximum d'effet utile, s'impose nécessairement en cette matière.
Bien que vous connaissiez déjà mes idées sur le but et le rôle de
l'agriculture, je ne crois pas inutile, dans ce premier contact que
nous prenons ensemble, de vous les exposer avec une suffisante netteté.

Il convient, tout d'abord, de signaler et de souligner le mal que peut faire à la conduite de l'organisation agricole la fausseté de certaines comparaisons. On est souvent porté, quand on jette un coup d'œil sur le développement très limité de la colonisation européenne dans nos possessions de l'Afrique tropicale, à établir un rapprochement avec l'épanouissement parfois prodigieux de la prospérité des entreprises similaires dans quelques colonies étrangères. On cite ainsi volontiers — c'est, en quelque sorte, l'exemple classique — les plantations anglaises et hollandaises de Ceylan, des Straits Settlements et de la Malaisie, dont la richesse contraste violemment avec le maigre résultat de nos propres essais. Un tel parallèle dénote une méconnaissance vraiment inconcevable des conditions respectives des milieux qui sont totalement différents. Comment la situation exceptionnellement favorable qu'offrent aux entreprises agricoles des pays qui renferment de véritables fourmilières humaines, comme Java notamment, où la densité de la population atteint 275 habitants au kilomètre carré, peut-elle être comparée à celle des vastes territoires de l'Afrique Occidentale française où l'on trouve une densité kilométrique moyenne de 3 habitants, qui s'élève à peine à 8 pour les colonies les plus favorisées ? Là-bas, par conséquent, la main-d'œuvre surabonde et s'offre aux planteurs à bon compte ; ici elle est rare et chère. Quoi d'étonnant, dès lors, à ce que les exploitations européennes agricoles, florissantes en Malaisie, marquent de plus lents progrès dans nos possessions de l'Ouest africain ?

J'ai mis à l'étude la question de l'organisation du travail indigène et du régime administratif de la main-d'œuvre. Des améliorations sont certainement à réaliser par une judicieuse réglementation, aussi bien dans l'intérêt des ouvriers que de ceux qui les emploient. Mais, nous ne devons pas nous le dissimuler, ce nouveau statut du travail, qui n'aura pas évidemment l'impossible vertu d'accroître l'effectif de nos ressources, ne résoudra nullement les difficultés inhérentes à l'insuffisance quantitative de la main-d'œuvre disponible. Sans méconnaître donc l'utilité de la contribution que les entreprises européennes agricoles peuvent apporter au développement du pays — et ces entreprises doivent être toujours assurées du bienveillant appui de l'Administration — il est essentiel de considérer qu'étant donnée la faible densité de la population, le procédé d'exploitation de l'Afrique tropicale, par le moyen de grandes plantations organisées sur le plan de celles d'Extrême-Orient, ne correspond point ici à une méthode normale de colonisation. Et nous aboutissons à cette conclusion que la mise en valeur culturale de nos possessions de l'Ouest et du Centre africains doit être surtout poursuivie, si l'on veut atteindre des résultats effectifs et importants, par l'indigène lui-même.

L'amélioration des conditions d'existence de cet indigène doit être, par suite, le principe logique de toute action sérieuse. Il est nécessaire de l'amener à une vie plus ample et plus confortable, et de l'inciter, à cet effet, à étendre largement ses cultures vivrières qui lui procureront une alimentation plus substantielle et le mettront à l'abri des disettes, tout en le poussant à développer la production des cultures industrielles, qui accroîtront ses ressources pécuniaires et son bien-être.

Ce double objectif ne sera susceptible, à mon avis, d'être pleinement atteint que lorsque le travailleur indigène pourra être fixé, par un lien d'intérêt personnel, au sol que son labeur féconde. L'accession à la propriété individuelle de ce sol me paraît être le terme vers lequel nous devons faire évoluer, par des mesures opportunes convenablement appropriées, la condition actuelle, essentiellement précaire et instable, du principal artisan de la richesse agricole de l'Afrique Occidentale. Un semblable problème ne saurait être réglé du jour au lendemain par le seul pouvoir de formules administratives. Il ne peut impliquer, je m'en rends bien compte, par la transformation qu'il suppose de la mentalité de l'indigène et de coutumes séculaires, que des solutions à échéance plus ou moins longue. Il n'en fera pas moins l'objet de toutes mes préoccupations.

La mise en valeur agricole de l'Afrique Occidentale française devant être principalement le fait de l'autochtone, il s'ensuit que l'action éducative la plus utile pour le progrès général des méthodes est celle qui peut s'exercer partout à la fois sur l'immense étendue de ce vaste pays, et, en même temps, par un contact immédiat et constant avec l'indigène producteur. L'autorité du commandant de cercle est donc, pour la tâche en quelque sorte quotidienne à accomplir dans cet ordre d'idées, un intermédiaire tout indiqué. C'est l'organe agissant dont la propagande, au point de vue économique, comme au point de vue social, peut porter le plus de fruits, car son action pratique est singulièrement renforcée par le caractère même de sa fonction et la nature de son rôle de commandement. C'est de ce précieux animateur qu'il convient de se servir pour répandre chez l'indigène des notions précises sur l'amélioration des procédés de culture; pour l'initier, petit à petit, par des explications patientes et répétées, à des modes de travail moins rudimentaires, pour veiller à l'emploi dans ses ensemencements de graines sélectionnées, pour essayer enfin de le fixer au sol, comme je l'indiquais tout à l'heure, en tâchant de lui faire comprendre l'intérêt matériel qu'il aurait à obtenir un meilleur rendement de la terre.

Je dois ajouter que cette conception n'exclut nullement le concours des techniciens des Services agricoles. A la base de l'œuvre d'éducation à entreprendre, il faut, c'est certain, des données premières reposant, non point sur les conclusions quelconques d'un empirisme grossier, mais sur des principes scientifiquement établis et sur le résultat d'expériences rationnellement contrôlées. Il appartient donc aux Services de l'Agriculture de fournir, à ce point de vue, des indications éminemment utiles sur les meilleures espèces à développer, sur les sortes les mieux adaptées aux conditions climatériques de telle ou telle région, sur la nature des amendements à conseiller, le cas échéant, pour accroître le rendement du sol, sur les précautions à observer pour éviter la propagation des maladies des plantes, et sur maintes autres questions relevant de la technique agricole. Leur rôle ainsi entendu est important, et il l'est assez, selon moi, pour rester limité à ce domaine sans s'aventurer dans des entreprises de trop large envergure, qui seraient d'une opportunité contestable et dépasseraient le cadre normal de leur activité d'organes d'études et de recherches.

En préconisant cette politique, qui consiste à assigner comme but à l'œuvre agricole la mise en valeur du sol par l'indigène lui-même, je n'ai point, du reste, la prétention d'être un novateur. Cette politique est appliquée avec succès dans l'Ouest africain : elle a fait péremptoirement ses preuves au Cameroun, dans la Nigéria et surtout dans la Gold-Coast où c'est par les plantations indigènes que la culture du cacao a pris un essor aussi remarquable, plaçant largement, aujourd'hui, cette dernière colonie à la tête de la production mondiale. Chez nous aussi, en Afrique Occidentale française, il y a une dizaine d'années déjà qu'à la Côte d'Ivoire, un Lieutenant-Gouverneur clairvoyant et énergique, plus tard appelé à de plus hautes destinées, M. Angoulvant, ne doutant point que la plantation indigène fût le procédé d'exploitation capable, dans ce pays, du meilleur rendement, a orienté de même la culture du cacao dans la voie où elle devait si rapidement prospérer, et la production de cette denrée, qui végétait jusque-là aux environs de

quelques tonnes, a crû aussitôt, suivant une étonnante progression.
Son successeur, M. ANTONETTI, a appliqué la même méthode à
l'aménagement des palmeraies naturelles. A la Guinée française,
c'est par l'initiative de l'autochtone aux procédés modernes de
culture que M. le Gouverneur Poiret a réussi, de façon aussi
heureuse, la création de ces fermes indigènes dont la multiplication
autorise, pour l'avenir agricole de cette colonie, les plus confiants
espoirs. Au Sénégal, enfin, nous constatons que, depuis toujours,
la production de l'arachide est exclusivement indigène. Et, à ce
propos, persuadé que c'est également par l'indigène que pourra
être obtenue une amélioration appréciable de la qualité des graines,
j'ai signalé récemment au Lieutenant-Gouverneur de cette colonie
l'intérêt que nous avons, pour opérer une première sélection des
semences, à utiliser, et cela dès l'ouverture de la prochaine traite,
le concours effectif de ce merveilleux instrument d'action économique que sont les sociétés indigènes de prévoyance.

Telles sont, à mon avis, pour l'aménagement des ressources
naturelles susceptibles d'être développées, les solutions simples
qu'indique le bon sens ; elles paraissent les plus adéquates à la
situation exacte de nos colonies ouest africaines, selon les leçons
mêmes de l'expérience qui en démontre éloquemment l'efficacité, et
j'estime qu'il convient de nous y tenir avec méthode et esprit de
suite si nous voulons, au lieu de nous offrir le luxe de coûteux et
inutiles programmes et de nous payer de mots creux, travailler
vraiment au progrès de ce pays, produire et réaliser.

La production agricole mérite ainsi, par l'importance du rôle
qu'elle est appelée à jouer comme facteur de la transformation économique de l'Afrique Occidentale, d'être au premier plan de nos
légitimes soucis. Mais cette production n'est pas seulement une
question de rendement ; elle a aussi un côté commercial qui n'est
pas négligeable. La présentation, sur les marchés européens, de
produits mal préparés ou renfermant une proportion anormal d'im-
puretés serait de nature à entraîner une fâcheuse dépréciation de
cette production. Il est indispensable de parer à une telle éventualité. La création d'un contrôle à la sortie a retenu mon attention
dès mon arrivée à Dakar et un de mes premiers soins a été d'adresser
au Département le projet de décret élaboré par mon prédécesseur.
J'espère que la réglementation proposée pourra, sans tarder, être
mise en vigueur.

Il ne m'a pas semblé, enfin, impossible que le Crédit mutuel

agricole, dont les avantages sont complètement ignorés encore de
la masse de nos cultivateurs, se prêtât à une adaptation capable de
donner de bons résultats. Cette institution pouvant être, pour la
formation de la petite propriété indigène et l'exploitation plus intensive du sol, un précieux ferment de progrès, j'ai fait mettre à
l'étude un projet d'organisation répondant aux buts qu'il semble,
d'ores et déjà, permis d'atteindre.

Pour mener à bien l'œuvre économique à accomplir, j'attache
un prix tout particulier à la collaboration du commerce local qui,
par sa pratique quotidienne des affaires et sa connaissance des
besoins des différentes régions où il exerce son activité, est à même
d'apporter à l'Administration une aide puissante. Dans le but de
rendre cette collaboration plus étroite, mon prédécesseur avait
préparé un projet de réorganisation des Chambres de commerce
basé sur l'extension des pouvoirs de ces assemblées et destiné à
permettre d'assurer dans leur sein, aux divers intérêts, une repré-
sentation mieux en rapport avec leur importance respective. J'ai
fait mien ce projet dans ses grandes lignes et j'espère que l'arrêté
que j'ai signé le 16 août dernier contribuera à rendre encore plus
fécond le travail poursuivi, en constante et harmonieuse communu-
nauté d'efforts, par tous ceux qui ont le devoir de concourir dans
le domaine de la fonction administrative comme dans celui du
labeur privé, à l'accroissement de la prospérité de l'Afrique Occidentale française.

*
* *

A une situation économique florissante ne peut que correspondre
une situation financière satisfaisante. Telle est bien la caractéristique accusée par les résultats du budget général afférent à l'exercice
de 1922. Et ici, Messieurs, nous entrons dans le domaine financier.
Ce sont les chiffres seuls qui font apparaître la réelle physionomie
d'une situation financière. C'est donc surtout par chiffres que
je vais m'exprimer. Je m'en excuserais si les résultats qu'ils vous
indiqueront ne devaient d'eux-mêmes faire pardonner leur aridité.
Les comptes arrêtés le 30 juin dernier, en recettes, à la somme de
76.547.627 fr. 80, et, en dépenses, à 66.379.367 fr. 17 font
ressortir un excédent de 10.168.260 fr. 63 qui a été versé à la
Caisse de réserve ; et cet excédent, qui provient surtout des plus-

values des recettes douanières, soit pour plus de huit millions dans le total, est le meilleur critérium de la relation étroite qui lie le budget à la vie économique du pays.

Pour l'exercice en cours, les recettes douanières atteignent, pour les neuf premiers mois de l'exercice 1923, une somme de 53.400.000 francs, en augmentation de 16.200.000 francs sur la période correspondante de 1922. La plus-value atteindra au moins 20 millions à la fin de l'année.

Le bilan budgétaire se présenterait donc sous un jour favorable si je ne devais procéder à la régularisation sur les ressources ordinaires ou sur la caisse de réserve de dépenses engagées en dehors des prévisions normales. C'est ainsi qu'elles auront à supporter des dépenses engagées sur un projet d'emprunt qui a dû être ajourné, soit 1.620.000 francs pour études et travaux divers et aussi une somme de 7.300.000 francs représentant la dotation du fonds de renouvellement du chemin de fer qui avait été prévue à ce même emprunt.

La construction du chemin de fer de Thiès à Kayes a engagé, par ailleurs, des dépenses dont le montant dépasse celui fixé par les lois des 28 août 1913 et 29 juillet 1923. Le dépassement, d'après les derniers renseignements obtenus, paraît devoir atteindre le chiffre de 7.200.000 francs; une partie sera payée sur les ressources extraordinaires de l'exercice 1923 et l'autre sur l'exercice 1924.

Enfin, la gestion du chemin de fer de Kayes au Niger, déficitaire depuis 1919, se traduit actuellement par un passif de près de 6 millions. J'ai décidé de le régler définitivement à l'aide des fonds du budget général afin de permettre à cette exploitation, rattachée désormais au Thiès–Kayes, de fonctionner sur des bases plus saines.

D'autres dépenses, de natures diverses, alourdissent ce passif, dont la liquidation pourra se faire sans mettre en péril l'actif général des ressources du budget, mais il n'en pèse pas moins sur son élasticité. Il faut bien prendre garde, au surplus, que cette élasticité, étant fonction de la vie économique du pays, est soumise à tous les aléas de celle-ci et qu'elle peut être influencée soit par une crise comme celle de 1921, soit plus simplement par un rétablissement, même progressif, dans l'équilibre des changes.

Si les ressources peuvent être sujettes à des fluctuations, les charges ont, par contre, un caractère de plus grande stabilité; les crédits affectés aux travaux et aux compléments d'installation de matériel peuvent être proportionnés aux disponibilités, mais le service des emprunts, les contributions à verser au buget de l'État, les soldes du personnel constituent des dépenses fixes et qui, sauf pour le personnel, ne peuvent que s'amplifier. Le budget de 1924 en offre un exemple frappant: les contributions au budget de l'État y subissent une majoration de plus d'un million et le service des emprunts une de quatre millions.

En face de pareilles données, une politique toute de prudence s'impose. Aussi, dans l'élaboration du projet de budget de 1924, les recettes ont été évaluées avec la plus grande modération; pour les recettes douanières, en particulier, les prévisions obtenues par l'application de la moyenne triennale ont fait l'objet d'une réduction de 15 p. 100 pour les droits d'importation et de douane, et de 10 p. 100 pour les droits d'exportation — en majeure partie spécifiques — pour tenir compte des éventualités auxquelles je viens de faire allusion. Les dépenses ont, par contre, été comprimées autant que possible, mais les chiffres que j'ai donnés indiquent que certaines d'entre elles sont en sensible augmentation.

Les charges qu'entraînent les seules réalisations au titre de l'emprunt de 167 millions, révèlent combien il est nécessaire, en présence de la cherté du loyer de l'argent, de ne recourir au crédit public que pour des fins qui ne peuvent être atteintes par le moyen des ressources ordinaires des budgets.

Quant aux contributions diverses versées à la Métropole, je voudrais souligner qu'elles ne se limitent pas aux 2.650.000 francs relevés par les inscriptions budgétaires. Le budget général et les budgets locaux en supportent d'autres qui ne figurent pas sous cette rubrique mais qui n'en existent pas moins: le service du recrutement, avec toutes ses conséquences, est entièrement assuré par l'Administration civile, et l'aviation n'aurait pu accomplir sa mission si les colonies n'avaient pas aménagé à leurs frais les terrains d'atterrissage. On a pu estimer à 3.000.000 de francs environ l'ensemble des charges diverses qui pèsent sur les budgets locaux et dont se trouvent soulagées les finances de la Métropole. Cet effort, consenti spontanément, mérite d'être souligné.

Le montant des prévisions pour les travaux à effectuer sur les fonds de réserve a été arrêté à 8.357.000 francs. Ces prévisions sont destinées à faire face à des dépenses d'amélioration des conditions d'exploitation des chemins de fer Kayes-Niger et de l'Est dahoméen, de parachèvement des installations générales du Thiès-

Kayes et, enfin, de continuation des études de prolongement du chemin de fer de la Côte d'Ivoire.

En résumé, le budget général de 1924 se caractérise dans le fond par une prudente évaluation des recettes en vue d'éviter les aléas d'une situation économique mondiale encore fort troublée et par une compression des dépenses de personnel, dans la forme, par un désir de sincérité et de clarté.

Les budgets annexes ont donné, pour l'exercice 1922, les résultats suivants :

Le Thiès-Kayes et le Conakry-Niger ont laissé chacun un excédent de recettes de plus de 225.000 francs, le chemin de fer de la Côte d'Ivoire a présenté, au contraire, un déficit de 127.500 francs dû à l'acquittement de dépenses d'exercices antérieurs. En même temps, le fonds de réserve spécial des railways de l'Afrique Occidentale française se trouve porté à 4.173.000 francs, supérieur à la dotation légale qui ne correspond plus au besoin de ces entreprises. Leur fonds de renouvellement, de son côté, a pu, pour la première fois, recevoir une mise de fonds en attendant qu'il soit définitivement constitué par les avances remboursables du budget général. Le budget du port de Dakar, dont l'exploitation reste encore une œuvre d'intérêt général qu'il convient de subventionner en vue d'en assurer le développement, a fait appel au Gouvernement général pour une somme de 1.350.000 francs contre 1.500.000 fr. en 1921.

L'exercice 1923 se développe dans des conditions excellentes et semble devoir donner des résultats encore meilleurs. Les trois railways précités donneront, pour le moins, un million de francs d'excédent de recettes et le port ne demandera pas plus d'un million de francs pour équilibrer son budget. Pour les chemins de fer de l'Afrique Occidentale française cette progression des excédents de recettes, en 1922 et 1923, est des plus encourageantes si l'on considère que les deux années ont vu des abattements de tarifs pour le commerce et les transports de troupes. La cause réside, en réalité, dans la situation économique, particulièrement favorable, de la colonie.

En ce qui concerne les budgets de 1924, dont le total s'élève à 29.627.972 francs, je préciserai simplement que leur caractéristique essentielle réside dans une réduction, pas encore assez sensible, à mon gré, des frais généraux. Cette œuvre de compression devra être poursuivie avec ténacité, de façon à ramener le coefficient d'exploitation des réseaux à un taux commercial.

L'avoir de la Caisse de réserve, après incorporation des résultats de 1922 et compte tenu de la valeur du portefeuille au 1er octobre, est, en chiffres ronds, de................... 36.667.000 fr.

Les prélèvements envisagés au titre de l'exercice 1923, évalués à.................... 16.000.000

laisseront un disponible de.................. 20.667.000 fr.

Cette disponibilité est plus que suffisante pour parer à tout aléa. Et les résultats déjà obtenus pour l'exécution du budget de l'année courante permettent d'augurer que des excédents assez considérables viendront en accroître le montant. Cet avoir de la Caisse pourrait être augmenté des créances, vis-à-vis de l'État et des budgets de la colonie qui n'atteignent pas moins de 11 millions de francs, mais leur recouvrement ne pouvant être envisagé immédiatement, il n'en est pas fait état.

Il me paraît intéressant, après cet exposé synthétique des budgets du Gouvernement général, de passer un examen rapide des budgets locaux. Pour l'exercice 1922, seules trois colonies ont présenté leur compte administratif. le Sénégal, le Dahomey et le Niger. Quant aux autres possessions, par suite du retard apporté dans leurs écritures, elles n'ont pu fournir que des chiffres qui ne sont pas définitivement arrêtés.

Le montant probable des recouvrements pour l'ensemble de ces budgets s'élève à.................... 109.715.053 fr. dont il y a lieu de déduire :

a) Les prélèvements sur
les caisses de réserve..... 3.067.670 fr.
b) Les subventions du
budget général.......... 3.460.456 fr.
c) Les fonds de concours
à titres divers........... 2.040.976 fr.

Au total. ...   8.569.102 fr.

pour avoir le montant des revenus propres de
ces budgets, soit...................... 101.145.951 fr.

La plupart des recettes, et principalement les recettes perçues sur rôles, ont donné des plus-values, et les résultats de l'exécution de ces budgets auraient été plus importants si certains d'entre eux n'avaient eu à supporter des dépenses élevées au titre d'exercices clos, qui ont ainsi faussé l'exercice 1922 par l'imputation de dépenses incombant à ses devanciers. C'est ainsi que le Dahomey et le Soudan ont présenté des déficits de 640.356 fr. 84 et de 903.391 fr. 33, ayant dû acquitter à ce titre des dépenses qui s'élèvent à 1.619.176 fr. 22 pour le premier de ces budgets et à 2.229.426 fr. 65 pour le second. Si cette charge n'avait pas incombé à l'exercice 1922, ces deux budgets se seraient soldés par des excédents de recettes notables. Une subvention du budget général de 640.356 fr. 84 a permis à la colonie du Dahomey de liquider cette situation. Le budget de la Mauritanie accuse un excédent de recettes de 150.129 fr 31, mais ce budget bénéficié d'une subvention du budget général de 2 millions 459.800 francs représentant 50 p. 100 du montant de ses recouvrements. Les résultats des autres budgets présentent des excédents de recettes qu'on peut estimer à 3.880.000 francs.

L'exécution des budgets locaux pour 1923 se poursuit dans des conditions aussi satisfaisantes, sinon meilleures, que celles de l'année précédente. Ils avaient été arrêtés à la somme de 110 millions 554.877 francs, laissant apparaître une progression de 7.088.109 francs sur l'exercice 1922. Mais, pour avoir le montant exact des ressources propres aux diverses colonies, il convient de défalquer, du total précité, celui des subventions et fonds de concours de provenance étrangère (4.478.000 fr.) et les sommes devant être prélevées sur les caisses de réserve pour l'exécution de grands travaux (4.954.760 fr.). Ces déductions ramènent à 101.122.117 francs le montant des ressources ordinaires escomptées pour 1923.

Le recouvrement de divers titres de recettes s'effectue normalement et les rapports trimestriels fournis par les colonies pendant le premier semestre permettent d'envisager des plus-values assez sensibles dans l'ensemble.

En ce qui concerne les dépenses, il a été déjà dit que l'exercice prédédent avait été caractérisé par l'affluence des dépenses des exercices antérieurs. Or, certaines colonies (Dahomey, Sénégal) semblent ne pas être complètement débarrassées des charges de cette nature et il est à prévoir qu'elles atteindront, en 1923, un chiffre encore assez élevé. Diverses imprévisions sont également apparues dès les premiers mois de l'exercice. Ces deux causes réunies ont déterminé la colonie du Sénégal à effectuer un remaniement partiel de ses prévisions budgétaires par des ouvertures de crédits supplémentaires (3.469.600 fr.) et des annulations de crédits (1.050.009 fr.).

Toutefois, dans la plupart des colonies, la marche du budget des dépenses semble ne devoir donner lieu à aucun mécompte et — autant qu'on en puisse juger au moyen des documents actuellement produits — il apparaît que l'exécution des divers services restera, d'une manière générale, en deçà des crédits prévus, et tout porte à croire que l'exercice 1923 se clôturera avec un fort excédent des recouvrements sur les paiements.

Pour l'exercice 1924, les projets des budgets des colonies sont provisoirement arrêtés à la somme de 114.833.312 francs, se décomposant comme suit :

Sénégal	30.585.361 fr.
Mauritanie	5.022.231
Soudan............................	20.268.600
Guinée............................	16.435.737
Côte d'Ivoire......................	16.298.280
Dahomey...........................	10.980.000
Haute-Volta.......................	9.526.600
Niger.............................	5.716.503
Total.........................	114.833.312 fr.

Ces mêmes budgets pour l'exercice précédent atteignant le total de.............. 110.554.877 fr.
Il apparaît que la progression de l'exercice 1924 se monte à....................... 4.278.435 fr.

Si la comparaison des totaux afférents aux exercices 1923 et 1924 se traduit par la progression ci-dessus, il y a lieu, toutefois, de signaler les régressions afférentes aux budgets suivants :

Sénégal..................	64.309 fr.
Soudan	213.900 fr.

Sur ce total de...................... 114.833.312 fr.
les sections ordinaires absorbent.......... 111.908.687
les sections extraordinaires ne prenant que.. 2.924.625 fr.
seuls la Guinée et le Soudan ayant prévu des crédits à cette section.

Le chiffre de 111.908.687 francs, qui représente le montant des recettes et dépenses ordinaires des budgets, ne donne toutefois pas le montant des recettes locales. Il convient d'en défalquer la valeur des subventions et fonds de concours qui ont été incorporés aux divers budgets et qui s'élèvent à 3.327.000 francs.

Le total des ressources locales escomptées pour l'exercice 1924 se trouve donc ramené à 108.581.687 francs contre 101.122.117 fr. en 1923.

La majeure partie des recettes des budgets locaux est demandée aux impôts indigènes et, en particulier, à la capitation. La variation légère qu'elles subissent pour l'exercice prochain procède d'un réajustement des prévisions avec les recouvrements effectués l'année précédente. Peu de taxes nouvelles sont créées et les plus-values des impôts seront dues principalement à un recensement plus serré des facultés du contribuable.

Quant aux prévisions de dépenses, plus encore peut-être que l'exercice précédent, l'exercice 1924 est caractérisé par le souci de comprimer au minimum celles afférentes à l'entretien du personnel d'administration pure et d'affecter une part aussi importante que possible des disponibilités budgétaires aux œuvres de mise en valeur économique et d'intérêt social.

Cet exposé de la situation budgétaire de l'Afrique-Occidentale française, pour les années 1922 et 1923, doit être complété par l'examen des disponibilités des différentes caisses de réserve.

L'avoir de ces dernières, au 31 décembre 1923, peut être évalué à 51.247.000 francs se décomposant comme suit :

	Francs.
Budget général	21.768.000
Sénégal	5.744.000
Mauritanie	303.000
Soudan	6.812.000
Guinée	5.437.000
Côte d'Ivoire	5.468.000
Dahomey	2.104.000
Haute-Volta	4.153.000
Niger	58.000
TOTAL	51.247.000

Ces disponibilités sont non seulement largement suffisantes pour parer à toutes les éventualités mais elles montrent que l'armature financière du groupe, dont les divers budgets sont solidaires, est susceptible de fournir toutes les garanties nécessaires lorsque la continuation de l'outillage économique imposera un nouvel appel au crédit public. L'emprunt de 167 millions est, en effet, virtuellement épuisé puisque les travaux qu'il avait pour objet sont ou réalisés ou en voie de réalisation.

L'achèvement du Thiès—Kayes, qui marque une date sensationnelle dans l'histoire ferroviaire de l'Afrique Occidentale française, ne comportera plus que des dépenses complémentaires imputables, partie sur le budget d'emprunt, partie sur le budget ordinaire.

Le prolongement du chemin de fer de la Côte d'Ivoire et l'amélioration du port de Dakar ont leurs crédits inscrits au budget d'emprunt, qui est arrêté à 27 millions.

Mais, si l'épuisement des ressources spéciales marque l'opportunité d'en créer de nouvelles, dans un avenir assez prochain, il ne saurait être question de les envisager avant d'avoir déterminé les bases du programme définitif à poursuivre. C'est pourquoi M. le Gouverneur général MERLIN, et moi, après lui, avons fait entreprendre des études qui puissent servir à la détermination de l'importance et de l'urgence des travaux à exécuter. Pour ne signaler que les principales, je citerai celles ayant trait : aux prolongements des diverses voies ferrées de la Côte d'Ivoire, du Dahomey ; aux irrigations du Niger ; aux ports de la côte ; à l'aménagement du Sénégal ; à l'alimentation en eau de Dakar.

Je présume que ces études seront suffisamment avancées pour me permettre de livrer à votre examen, lors de la prochaine session du Conseil, un programme d'ensemble conçu dans le cadre de celui établi par M. le Ministre des Colonies, Albert SARRAUT.

Ainsi, sans interruption autre que celle causée par la guerre, se poursuit la constitution du grand outillage de l'Afrique Occidentale française. Je n'ignore pas qu'au gré de ceux qui voudraient voir s'accomplir une évolution plus rapide de ce pays, mon action va sembler un peu réservée. « Oser et agir » telle est la doctrine qu'on attend de moi et que j'ai faite mienne. Mais il faut oser avec courage et agir avec prudence. Je m'explique : Au risque de rompre avec certaines traditions, de heurter des intérêts privés mal entendus, d'être en contradiction même avec l'opinion publique, il faut oser certaines réformes, réaliser certaines conceptions, exécuter certains travaux. Mais la justification de pareilles initiatives doit être conditionnée non par la réussite, souvent fonction d'événements

imprévisibles, mais par une étude fouillée des problèmes à résoudre.
Et c'est pourquoi la période actuelle pourra donner l'impression
d'une activité ralentie — elle sera plus exactement une période
d'activité raisonnée.

MESSIEURS,

Il serait vain que je proclame devant vous ma foi dans l'avenir
de ce pays ; cette foi vous la nourrissez tous et nous savons mieux
que quiconque le merveilleux rendement que l'on peut attendre des
possibilités révélées ou latentes des diverses colonies du groupe ;
nous n'ignorons également aucun des devoirs qui nous incombent à
l'égard de la Métropole. Mais la ferveur patriotique, si elle est un
levier puissant pour les individus, ne saurait vaincre les obstacles
d'espace et de temps, et aussi d'argent, qui se dressent devant nous.
Ce que nous pouvons affirmer hautement c'est que quels que soient
les résultats heureux de nos efforts pour les surmonter ils nous
paraîtront toujours insuffisants et que nos volontés seront toujours
tendues vers des réalisations plus vastes, plus complètes. Nous
continuerons la tradition des coloniaux qui sont tombés, ou, pour
le moins, qui se sont usés, au service de la Nation.

C'est dans cet esprit, qui nous anime tous, que je déclare ouverte
la session du Conseil du Gouvernement.

DISCOURS

PRONONCÉ PAR

M· BRUNET

Gouverneur général p. i. de Madagascar et Dépendances.

A L'INAUGURATION

DE LA

PREMIÈRE FOIRE COMMERCIALE DE TANANARIVE

15 SEPTEMBRE 1923

Sous la présidence de M. le Gouverneur général p. i. Brunet, et en présence de M. Auber, sénateur de la Réunion, des autorités civiles et militaires de la colonie, des consuls, des membres du Comité de la Foire et des délégués de la Réunion et de Maurice, a été célébrée le 15 septembre 1923, à 9 heures, au milieu d'une grande affluence d'Européens et d'indigènes, l'inauguration de la première foire commerciale de Tananarive, placée sous le haut patronage de M. Albert Sarraut, Ministre des Colonies.

Les troupes de la garnison rendaient les honneurs.

Des discours furent prononcés par M. Joly, secrétaire général du Comité de la Foire, M. le Sénateur Auber et M. le Gouverneur général p. i. Brunet.

Discours de M. Brunet.

MESSIEURS,

L'honneur m'échoit, en l'absence de M. le Gouverneur général GARBIT — dont la pensée reste étroitement associée à cette journée et au brillant effort collectif qu'elle consacre — d'inaugurer la première foire commerciale de Tananarive ; et de souhaiter la bienvenue, au nom de la colonie de Madagascar, au nom de M. le Gouverneur général titulaire qui m'en a prié par un câblogramme reçu de Paris ce matin même, à nos hôtes venus de la Métropole, des îles-sœurs de notre hémisphère austral et du continent voisin : M. le Sénateur AUBER, qui n'a pas hésité à interrompre son voyage de retour en France pour assister à cette cérémonie, attestant la continuité d'une émouvante tradition de solidarité française dans la mer des Indes ; les délégués officiels des Gouvernements de la Réunion et de Maurice, parmi lesquels je suis heureux de saluer mon ancien collègue et ami, M. le Gouverneur MERWART, Commissaire de la Réunion. Leur présence nous affermit dans la confiance que cette manifestation de travail et de paix survivra, dans ses résultats et ses enseignements, à sa durée éphémère. Cette confiance, nous l'avons eue sans réserve du jour où le grand colonial qui préside aux destinées de la France d'outre-mer, M. Albert SARRAUT, a bien voulu nous accorder son haut patronage, marquant ainsi le très vif intérêt qu'il porte au développement économique de notre Insulinde.

J'ai à cœur de remercier ceux qui furent les artisans de l'œuvre que nous présentons aujourd'hui au public : le Comité tout entier qui, sous la présidence de M. le Gouverneur BERTHIER, puis de M. l'Administrateur en chef BÉRÉNI, assisté de M. Ulysse GROS et de M. l'Administrateur en chef DEMARSY, Directeur des Services économiques, en a poursuivi, jour à jour, la réalisation ; son distingué Secrétaire général, M. JOLY, qui en fut l'animateur et l'ordonnateur, apportant la plus diligente souplesse à rallier les bonnes volontés et la plus heureuse ingéniosité à régler chaque détail de l'organisation et de la propagande ; ses collaborateurs administratifs et techniques — chefs de section, architectes, entrepreneurs et ouvriers. Tous ont fait preuve dans l'exécution de la tâche commune d'une émulation soutenue dans le zèle et le dévouement : je leur en exprime ma cordiale gratitude.

Je n'aurais garde d'oublier l'Agence économique de Madagascar à Paris, les Chambres de Commerce et consultatives de la colonie ; la Chambre de Commerce et la Chambre d'Agriculture de la Réunion ; la Chambre de Commerce britannique qui fut notre agent de liaison, officieux mais utile, avec l'Afrique du Sud et l'île Maurice ; M. le Consul général de France à Johannesburg, MM. les Consuls de France à Port-Louis et à Durban ; et la ville de Tananarive qui nous a prêté non seulement son cadre unique de rouges collines et le vibrant décor d'une cité s'exaltant de terrasse en terrasse dans la mobile lumière de ses jardins, mais le concours de son personnel et de son budget, l'expérience avertie de son Conseil municipal et le prestige de ses grands souvenirs.

*
* *

Messieurs, au lendemain du terrible drame qui a ébranlé l'ordre social de l'Europe et bouleversé les conditions économiques du monde, voici le témoignage de labeur, de discipline et d'activité d'une jeune colonie à laquelle la paix française a permis de se réaliser dans sa profonde originalité et dans la riche diversité de ses dons.

Vingt-huit années à peine, dont cinq de guerre, nous séparent du jour où la France a apporté aux populations de Madagascar son drapeau de liberté : vingt-huit années absorbées par la tâche de pacifier, d'organiser, d'aménager un domaine plus vaste que le territoire de la Métropole, et d'élaborer, suivant le plan conçu par le génie lucide de GALLIÉNI, la grande œuvre d'assistance humaine qui est la forme la plus haute de la colonisation.

Nous avions trouvé un pays dont toute l'activité, par suite des obstacles naturels d'une orographie tourmentée et de l'inexistence de moyens de communication, était concentrée sur les hauts-plateaux ; un système de transactions réduit à des échanges de produits sur les marchés locaux, reliés entre eux par de simples sentiers où des générations successives avaient marqué leurs pas ;

une organisation sociale assez avancée dans l'Imerina et le Betsileo — où des races intelligentes et fines, particulièrement aptes à recevoir les initiations de la 'civilisation européenne, étaient depuis long-temps, « artistement et à profit », comme note savoureusement le vieux FLACOURT, adonnées à la pratique d'industries familiales, révélant, en effet, avec un sens avisé des fins utilitaires, un goût sensible à la délicatesse des formes, — pendant que d'autres régions de l'Ile demeuraient plus strictement fermées à toute pénétration et grevées lourdement de la double hypothèque de l'ignorance et de la maladie.

Il fallait sortir de son isolement le haut pays, le seul dont la valeur économique, en dépit de son sol plus ingrat, se fût jusque-là affirmée par le travail de ses habitants, faire tomber les barrières morales d'une défiance obstinée qui s'était traduite pendant dix-huit mois par l'insurrection contre la souveraineté de la France, et, à travers les barrières physiques constituées par la montagne, les zones désertiques ou la forêt impénétrable, ouvrir un libre passage vers les débouchés de la côte.

Problème de sécurité, problème d'apprivoisement, problème d'outillage, lié lui-même à la création d'un instrument fiscal destiné à procurer à la colonie des ressources adéquates aux nécessités de son développement. Le bilan de ces vingt-huit années, la somme des efforts de tous, — militaires, qu'ils s'appellent Galliéni, Joffre, Lyautey, Roques ou Berdoulat, la brillante pléiade des futurs chefs de la victoire; officiers du génie, ingénieurs et leurs collaborateurs, du conducteur de travaux au modeste tâcheron, qui, au flanc des contre-forts escarpés ou à travers les plaines inondées où fermentent les rizières, vont faire régner la route, bâtir la digue ou asseoir le rail; administrateurs, à qui incombera, dès achevée la pacification, la mission de garantir l'ordre et d'établir la justice, d'assurer l'équitable répartition de l'impôt, de stimuler la production, de pourvoir au fonctionnement régulier des services sociaux par l'aide morale apportée à l'instituteur et au médecin, ouvriers eux-mêmes d'influence et de civilisation, — ce bilan est inscrit dans la courbe de nos budgets, dans les statistiques de nos exportations, dans les « progressions » de nos plans de campagne. Il est écrit sur ce sol que nos colons ont patiemment et passionnément conquis sur la brousse et sur le marais, donnant aux indigènes le salutaire exemple de l'effort personnel et d'un accroissement du bien-être et de richesses justifié par le travail et la ténacité. Il est rendu sensible et vivant par le magnifique témoignage des sacrifices de ces nouveaux enfants de la France s'offrant eux-mêmes, à l'heure du suprême danger de la Patrie, comme la rançon des bienfaits reçus d'elle, de tout ce grand labeur de création que j'ai rappelé.

*
* *

Voici comment il se traduit dans les faits et dans les chiffres :

En 1896, c'est-à-dire dans l'année qui suit la conquête, les recettes locales représentent un total de 1.747.738 francs. En dehors des frais d'occupation militaire, supportés par le budget de l'État, et d'une subvention annuelle de 2 millions votée par le Parlement pour concourir aux dépenses civiles, une première mise de fonds était indispensable pour constituer à la colonie l'outillage qui lui manquait totalement.

La préoccupation dominante de l'Administration de la colonie nouvelle fut de céer rapidement la route stratégique de l'Ouest, Tananarive-Maevatanana, continuée par la voie fluviale de la Betsiboka, pour établir une liaison permanente entre l'Imerina et le port de Majunga, et, sur le versant est, une voie économique, Tananarive–Mahatsara, permettant le trafic des voyageurs et des marchandises entre Tamatave et la capitale.

La première était encore jalonnée sur une partie de son parcours par les ossements de nos soldats du corps expéditionnaire. Dans ses « Lettres du Tonkin et de Madagascar » Lyautey a exprimé d'une façon pittoresque ce qu'était, au mois de mars 1897, la seconde, réduite encore à une piste précaire de bourjanes et de mulets :

« Quelle route ! des fondrières, des rivières à passer en se mouillant à plein, des pertes de colis, des arrivées à 8 heures du soir, mi-trempés, au gîte d'étape, et quel gîte ! »

La commandite dont Madagascar avait impérieusement besoin fut fournie par la Métropole sous la forme de trois emprunts — le premier, autorisé par la loi du 5 avril 1897, portant conversion d'un emprunt antérieur de 15 millions contracté par le Gouvernement hova, qui laissait 3.854.000 francs de fonds disponibles à consacrer à l'exécution des routes de l'Ouest et de l'Est, à l'établissement de lignes télégraphiques et à l'installation de résidences de fortune; le deuxième, de 60 millions, autorisé par la loi du 14 avril 1900, dont 48 millions furent affectés à la construction du chemin de fer de Tananarive à Brickaville, point adopté d'abord comme tête de ligne, dans le dessein d'utiliser, pour atteindre Tamatave, le cours navigable de la Vohitra et le « canal des Pangalanes » en voie d'aménagement par la « Compagnie des Messageries françaises de Madagascar », — le surplus de l'emprunt étant réparti entre les routes, les ponts, les lignes télégraphiques, les travaux d'adduction d'eau et d'amélioration des ports ; un troisième emprunt de 15 millions, voté par le Sénat le 16 mars 1905, devait permettre l'achèvement du rail qui avait atteint Fanovana, au kilomètre 102, le 1er novembre 1904 et parvenait à Tananarive le 1er octobre 1909.

Les voyageurs venant de Tamatave ont pu admirer ce superbe ouvrage, auquel le commandant du génie Roques a attaché son nom, l'audacieux profil de la ligne, en particulier lorsqu'elle franchit les gorges de la Mandraka.

Il devait appartenir au successeur de Galliéni, au Gouverneur général Augagneur, de concevoir le projet de prolongement du rail de Brickaville à Tamatave et d'en préparer l'exécution. Autorisés par le Parlement le 18 avril 1910, les travaux, comportant notamment un pont de 448 mètres sur la Vohitra, étaient achevés au début de 1913 et la ligne ouverte à l'exploitation le 9 mars de la même année.

La colonie disopsait à ce moment de 369 kilomètres de voie ferrée, outil économique de premier ordre puisqu'il allait susciter les facultés productrices d'un groupement de population d'un million d'habitants, instrument aussi de pénétration politique, appelé à mettre en contact, dans une collaboration pacifique, des races géographiquement et socialement séparées les unes des autres.

En même temps que se poursuivait la construction du chemin de fer de la côte Est, et au fur et à mesure que se développaient les ressources du budget local, le réseau des routes s'étendait : les unes créées dans la région directement influencée par le railway et devenant ainsi des affluents de la voie ferrée ; les autres ouvrant des régions nouvelles, ou, comme celle du Sud, — entreprise dès 1900 pour joindre la capitale du Betsileo à Mananjary, — venant donner un débouché à une province de population laborieuse, riche en possibilités.

Le bilan, disais-je: de 1896 à 1923, il a été construit 2.000 kilomètres de routes d'intérêt général et régional dont 1.200 automobilables, sans parler des routes secondaires établies et entretenues par la main-d'œuvre de prestation; 379 kilomètres de canaux ont été mis en état de répondre aux besoins d'un service de chalands et de vedettes; 11.000 kilomètres de fil télégraphique ont été posés; des circuits téléphoniques d'un développement de 2.873 kilomètres ont été ouverts aux communications urbaines et interurbaines; des postes radiotélégraphiques ont été installés à Diego-Suarez, Nosi-Bé, Majunga, Tuléar et aux Comores; et deux nouvelles voies ferrées ont été livrées à l'exploitation, portant à 688 kilomètres la longueur totale de notre réseau ferroviaire: la ligne de Moramanga au lac Alaotra, d'une longueur de 161 kilomètres, — dont les travaux, ralentis par la guerre, ont reçu de M. le Gouverneur général Garbit la plus vive impulsion, — avait atteint le 17 mars 1923 la gare d'eau d'Andreba, son point terminus: elle est appelée à mettre en valeur non seulement les terres du bassin du Mangoro, mais une dépression fertile de 250.000 hectares dont 7.500 à peine sont actuellement cultivés; la ligne de Tananarive à Antsirabe, de 153 kilomètres de développement, amorcée le 4 juin 1913, vient d'être, aujourd'hui même, conduite par M. le Commandant du génie Chaniot à son dernier kilomètre, aboutissant à une région agricole et minière du plus grand avenir et au centre d'un bassin dont un maître éminent de la chimie moderne, M. le Professeur Charles Moureu, vient de reconnaître les richesses hydrologiques.

Il convient de noter que les trois dernières voies construites: Brickaville-Tamatave, Moramanga-lac-Alaotra, Tananarive-Antsirabe, ont été complètement exécutées sur les ressources ordinaires du budget local ou au moyen de prélèvements sur la Caisse de réserve de la colonie, constituée par les excédents des exercices antérieurs.

Ce budget, je rappelais tout à l'heure son modeste chiffre du début. Dix ans après, ses recettes s'élevaient à 25 millions. La gestion prudente de deux grands administrateurs consolidait ces résultats, autorisant ensuite, dans la deuxième décade, un bond en avant. Depuis, et d'année en année, la progression a été régulière: de nouvelles ressources, dues notamment à l'institution de taxes de consommation et de droits de sortie, ont donné l'élasticité nécessaire à notre instrument fiscal qui a résisté, sans surmenage, aux épreuves nées du désordre de la guerre. En 1919, les recettes ordi-

naires étaient passées à 43 millions, à 63 millions en 1920, à
68 millions en 1921, pour atteindre, en 1922, le total de 75 millions.

Deux budgets annexes ont été institués, le premier, celui du
chemin de fer, le 17 décembre 1906, le second, celui de l'assistance médicale indigène, en 1911, ajoutant un total, en 1922, de
17 millions au chiffre ci-dessus.

On peut dire que le budget normal de Madagascar s'élève
actuellement, compte tenu des prévisions de réalisations de l'Exercice 1923, a près de 100 millions sur lesquels 9 millions sont
consacrés chaque année à l'œuvre — la plus immédiate et la plus
poignante de toutes — de l'Assistance et de l'Hygiène sociales
(hôpitaux, dispensaires, laboratoires, postes médicaux, etc...),
5 millions à l'Enseignement, 6 millions aux Services d'Intérêt
économique, 15 millions à l'Outillage collectif (chemins de fer,
routes et ponts, lignes télégraphiques et téléphoniques) et à l'Exploitation de cet Outillage.

Au capital public investi, à celui que trois emprunts ont incor-
poré au sol ou que la colonie a constitué par ses propres ressources,
à celui que la Métropole vient encore d'y engager pour la construction du grand poste de T.S.F. du réseau intercolonial, sociétés,
industriels, commerçants, agriculteurs et éleveurs ont ajouté
l'apport de leurs propres capitaux dans la création d'exploitations
agricoles, représentant une superficie cultivée de 1.233.000 hectares, d'exploitations forestières et minières, d'usines, d'ateliers et
de chantiers, d'entreprises de transport sur les rivières et de chalan-
dage sur les rades. Le mouvement des importations et des exportations enregistré par les bureaux de douanes rend compte de cette
transformation progressive d'un pays par l'implantation d'un
outillage moderne et par l'effort colonisateur de la France.

Le commerce total de Madagascar était, en 1897, de 22 millions
dont 18 millions aux importations et 4 millions aux exportations,
accusant dans la balance commerciale une différence de 14 millions
en faveur des importations. Cette rupture d'équilibre s'accentuera
encore les années suivantes. En 1901, les importations représentent
une valeur de 46 millions contre 9 millions pour les exportations.
Une telle situation s'explique, d'une part, par les dépenses considérables que la Métropole faisait alors pour le ravitaillement des
troupes d'occupation et, d'autre part, par les commandes de matériel liées à l'exécution des grands travaux en voie de réalisation sur

l'emprunt de 60 millions. Mais elle montre en même temps combien demeurait précaire le régime des transactions intérieures.

A partir de 1907, c'est-à-dire dès que le rail partant de Brickaville a pénétré dans le pays bezanozano, marche de l'Imerina, les exportations vont prévaloir sur les importations, suivant une progression constante, jusqu'à la guerre dont les perturbations mondiales se traduisent par des soubresauts de notre propre marché.

En 1910, le commerce général de Madagascar avait atteint 78 millions, dont 45 millions aux exportations et 33 millions aux importations. A la veille de la guerre, le chiffre global est de 102 millions, dont 46 millions aux registres d'entrée et 56 millions aux registres de sortie.

1914 voit un premier recul des exportations. La mobilisation a prélevé sur les forces vives de la colonie tous les éléments en mesure d'être utilisés sur les divers théâtres d'opérations et, parmi eux, de nombreux chefs d'exploitations et capitaines d'industries. Pendant les années 1916, 1917, 1918, la balance est nettement défavorable aux sorties. Et tout à coup, la fin des hostilités détermine un vertigineux mouvement d'ascension de la courbe des exportations.

C'est que la guerre a épuisé les ressources de l'Europe en denrées et en matières premières. Il s'ensuit, dès 1919, une extrême activité commerciale à laquelle la Grande-Ile prend part en fournissant des viandes frigorifiées pour 66 millions, des légumes secs pour 22 millions, des peaux pour 16 millions, du riz pour 12 millions, du raphia, du saindoux, de la cire, du café, etc., si bien que les exportations se révèlent supérieures de 78 millions aux importations, avec un commerce global pour cette année de 223 millions. Abusés peut-être sur la durée de cette prospérité, commerçants, industriels, colons faisant appel à toutes leurs disponibilités, effectuent d'importantes commandes de marchandises et de matériel malgré la hausse considérable des prix. Par suite de ces circonstances, les importations atteignent, en 1920, 280 millions ; les exportations, bien qu'inférieures à ce chiffre, accusent encore un progrès très marqué puisqu'elles s'inscrivent pour 236 millions, soit 58 millions de plus que l'année précédente, portant à un demi-milliard le montant total des transactions de la Grande-Ile. Survient la crise : elle affecte à la fois entrées et sorties. En 1921, les chiffres précédents sont ramenés pour les importations à 226 millions, à 108 millions pour les exportations ; en 1922 une légère reprise se manifeste sur les exportations qui se relèvent à 132 millions ; les importations, encore ralenties, figurant elles-mêmes au tableau des valeurs pour 173 millions.

Mais l'année 1923, qui s'est placée sous le présage favorable de cette foire, répondra, nous n'en voulons point douter, à ses promesses, aux espérances que nous avons mises en elle. J'en suis assuré à constater non seulement le trafic exceptionnel de nos lignes et l'intense circulation des charrois sur nos routes, mais la profonde sécurité des indigènes partout au travail, substituant progressivement la charrue à l'angady, procédant sous la direction des services techniques à la sélection de leurs semences de riz, s'adonnant à de nouvelles cultures d'avenir, à celle du tabac dans l'Itasy, du coton dans les plaines de l'Ouest ; et la robuste confiance de ces colons que j'ai vus à l'œuvre au cours de mes tournées et qui ajoutent des caféières à leurs caféières, des champs de cannes à sucre aux plantations où éclatent les cabosses de cacaos, des stations d'élevage à leurs fermes, des galeries à leurs mines et des panaches de fumée à leurs usines !

*
* *

Il serait d'un intérêt vivant, Messieurs, de suivre un à un divers produits pour montrer, dans chacune des branches de l'activité de la colonie, les progrès de l'effort accompli, les déceptions qui en furent parfois la rançon, les reprises d'activité et jusqu'aux fièvres qui ont marqué l'histoire économique de ces vingt-huit années. On verrait — pour s'en tenir aux grands produits de Madagascar — comment le riz, denrée d'importation au cours de la première décade et pour des sommes qui s'élèvent jusqu'à 5.600.000 francs en 1901, a donné lieu, au contraire, à partir de 1905, à des exportations de plus en plus actives de la colonie, se chiffrant, en 1909, par une valeur de 1.152.000 francs, de 2.286.000 francs en 1912, 3.889.000 fr. en 1915, 6.221.000 fr. en 1916, 12.456.000 fr. en 1919, 25.460.000 francs en 1920, 15.755.000 francs en 1922, — comment le café, qui débute, en 1897, par une modeste exportation de 650 francs, représente une valeur de 1.200.000 francs en 1916, de 3.588.000 francs en 1918, de 7.214.000 francs en 1920, de 8.145.000 francs en 1922, — comment la vanille, qui s'inscrit aux sorties, en 1897, pour une somme de 171.000 francs,

va progresser dès 1905 à 475.000 francs, doubler cette valeur
en 1907, atteindre le million en 1908, passer au deuxième million
en 1911, au troisième en 1914, au quatrième en 1915, au cinquième
en 1917, à 21.324.000 francs en 1920, pour redescendre à
14.700.000 francs en 1921, se relevant à 15.562.000 francs
en 1922. Je n'oublie pas la part qui revient, dans ces chiffres, à
l'archipel des Comores. Je pourrais ainsi marquer les courbes de
sorties du cacao, du girofle, production longtemps exclusive à notre
vieille possession de Sainte-Marie et qui s'est, depuis, transportée
également sur la Grande-Terre, accusant, en 1897, une valeur
d'exportation de 48.000 francs, de 201.000 francs en 1908, de
408.000 fr. en 1914, de 2.244.000 fr. en 1919, de 1.908.000 fr.
en 1921 ; — les fluctuactions que le cours d'Europe et les dérè-
glements des changes ont imposées aux exportations de légumes
secs, en particulier aux pois du Cap de la Région du Sud,
représentant de 1911 à 1919 des valeurs qui varient de 3 millions
à 22 millions, pour revenir, en 1922, à un chiffre total de
9.280.000 francs. Après les sorties de manioc en cossettes, —
et les expéditions actuelles du T. C. E, montrent qu'elles alimen-
tent encore un important trafic, — voici le tapioca qui vient
s'enregistrer pour la première fois, en 1913, avec une valeur
de 166.000 francs, pour atteindre, en 1917, 1.297.000 francs et
redescendre, en 1921, à 112.000 francs avec un mouvement de
reprise, en 1922, se traduisant par un accroissement de valeur
de 337.000 francs sur le chiffre précédent ; et voici l'industrie
sucrière qui réclame sa place et entre en action, dans les provinces
de Nossi-Bé et de Tamatave, avec ses moulins et ses turbines,
bénéficiant de la longue expérience des colons de Mayotte et de
ceux de Bourbon.

Le commerce extérieur auquel ont donné lieu, dès l'origine de
notre occupation, les cuirs et les viandes sur pied ou abattues ont
constitué le meilleur encouragement au développement de l'élevage.
On en peut suivre les progrès par les chiffres suivants :

En ce qui concerne les cuirs, l'exportation s'inscrit, en 1897,
par un total de 260.000 francs ; dix ans après, en 1907, elle atteint
5.001.000 francs, 8 millions en 1911, 10 millions en 1912,
14 millions en 1913, 15 millions en 1916, 43 millions en 1920
du fait de l'accumulation des stocks de 1917, 1918 et 1919,
13 millions et demi en 1922, sans préjudice de la transformation

sur place d'une partie de la production dans une fabrique toute moderne ; — l'exportation des animaux vivants, après avoir alimenté un trafic assez intense avec l'Afrique du Sud dans les années qui ont suivi la guerre du Transvaal, se limite aujourd'hui aux besoins de la consommation des îles voisines ; mais elle a fait place à une très brillante industrie locale, celle des viandes de conserve et des viandes congelées, constituant aujourd'hui un groupe de six usines aménagées par les soins de la Compagnie générale frigorifique, de la Société rochefortaise, de la Société industrielle et commerciale de l'Emyrne, de la Société Saupiquet et de la Société des Conserves alimentaires de la Montagne d'Ambre, auxquelles viennent s'ajouter des usines de préparation de salaisons, des fondoirs de saindoux, etc.. En fait, les viandes salées et conservées marquent, en dix années, de 1911 à 1921, un mouvement de trafic extérieur d'amplitudes extrêmes comprises entre les chiffres de 1.589.000 francs en 1911, 3.495.000 francs en 1913, 5.710.000 en 1914, 12 millions en 1915 et 1916, 22.280.000 francs en 1918, 66 millions en 1919, 29 millions en 1920, 15 millions en 1921, et 8.206.000 francs seulement en 1922 par suite du ralentissement d'activité des usines de Tamatave et de Diego et de l'interruption momentanée des opérations de celle de Tananarive, laquelle n'a été remise en marche qu'au mois de mars de cette année.

Du moins les chiffres dont il vient d'être fait mention montrent-ils le rôle qui revient à ces usines — dont la première en date, celle d'Antongombato, remonte aux temps malgaches. à 1891, — dans l'essor de la production locale et les possibilités qu'elles offrent aux éleveurs européens et indigènes pour l'écoulement de leurs animaux. Je ne saurais omettre à cette occasion de noter les constants efforts faits dans cette colonie pour l'amélioration d'un cheptel de 8 millions de bœufs par l'introduction de géniteurs d'Europe des races normande, Durham, garonnaise, bretonne, etc., la création de toutes pièces d'une race chevaline, les progrès obtenus dans l'élève du porc qui se place aujourd'hui au deuxième rang de la production animale de Madagascar, les expériences poursuivies pour l'acclimatement du mouton à laine, — et notamment l'initiative récemment prise par la Chambre de Commerce de Tourcoing en vue de constituer un troupeau de mérinos dans le Sud, — enfin l'établissement d'une usine de peignage et de tissage à Ambositra.

Aux produits des mines, je devrai montrer l'or, longtemps

réduit pour son exploitation aux moyens primitifs de la battée, et s'inscrivant en douane pour des valeurs de 200 à 300.000 francs en 1897 et 1898, monter brusquement à des chiffres de 6, 7, 8, 9, 10 millions pendant les années 1906, 1907, 1908, 1909, 1911, redescendre à 5 millions en 1912, passer à 14 millions en 1913, pour se stabiliser autour d'un chiffre de 1 à 2 millions au cours de ces dernières années ; et je pourrai montrer l'exploitation du graphite, — l'une des plus grandes richesses minières de Madagascar tant par l'importance et la qualité de ses gisements que par son emploi très étendu dans la métallurgie, — s'équipant comme industrie de guerre et quintuplant dès lors ses exportations, qui passent de 7.500 tonnes en 1913 à 35.000 tonnes d'une valeur de 12 millions en 1916 et 1917 ; ce chiffre va être ramené, il est vrai, à 1 million et demi en 1921 et 1922 par suite de la crise qui atteint les usines métallurgiques de la Métropole. Mais déjà des perspectives plus favorables s'ouvrent pour nos exploitants qui procèdent sur place à des installations nouvelles répondant à ces espérances.

Gemmes de Madagascar : béryls bleus et roses, topazes blanches, amétystes, tourmalines et grenats, — toute la gamme des couleurs et toute la richesse des feux dormants dans les filons de pegmatites où le savant Professeur du Muséum, M. Lacroix, Secrétaire perpétuel de l'Académie des Sciences, a porté ses investigations, révélant dans un ouvrage de haute synthèse la valeur précieuse de notre sous-sol ; gisements d'urane, de mica, d'amiante, de charbon ; schistes bitumineux de la vallée permo-triasique de l'Ouest dont, en ce moment même, des ingénieurs qualifiés et des professeurs de la Sorbonne, MM. Hardel et Dumas, d'une part, MM. Bertrand et Joleaud, de l'autre, étudient les possibilités en pétrole — c'est la prodigieuse variété de ces ressources qui a pu faire comparer notre Grande-Ile à la fois au Brésil et à Ceylan, dont la rapprochent tant d'affinités géologiques qu'elles laissent ouverte devant l'esprit la troublante hypothèse que ces terres ont appartenu à un même continent.

Ce tableau d'ensemble de la production de Madagascar et de chacune de ses productions spéciales serait incomplet si je ne signalais aux visiteurs de la foire les belles collections de nos bois présentés par le Service et les exploitants forestiers et dont l'album, dû à M. l'Inspecteur des Forêts Louvel, a dressé un méthodique inventaire : ébène, palissandre, bois de rose, bois d'ébénisterie et

bois de charpente qui n'ont pas encore conquis sur les marchés
extérieurs la place due aux qualités de ces essences — dont
quelques-unes des plus rares, — puisque leur exportation annuelle
oscille entre les chiffres de 5oo.ooo francs à 1 million et demi.

*
* *

Ainsi, Messieurs, dans la nouvelle économie qui s'élabore parmi
les crises et les souffrances où le Vieux-Monde cherche anxieusement
son équilibre, Madagascar se prépare à remplir sa tâche d'ajouter
par ses échanges, par la mobilisation de ses matières premières,
par son effort industriel, à la circulation universelle.

La Grande-Ile à laquelle le génie impérial d'un Richelieu avait
assigné l'avenir d'une « France orientale », qui, pendant deux
cents ans, suscita dans la mer des Indes, autour de ce grand rêve,
la vigilance d'hommes qui se sont levés à l'heure où les appelait le
Destin pour témoigner qu'il n'était pas prescrit ; dont nos soldats,
nos agriculteurs, nos ingénieurs et nos industriels, nos médecins
et nos vétérinaires, nos administrateurs et nos maîtres d'écoles ont
fait la conquête matérielle et morale, — la Grande-Ile prend conscience qu'un nouveau cycle de réalisations s'ouvre devant elle.

Elle en voit le gage dans la présence de ses hôtes, dans l'attention avec laquelle sont suivis en France et à l'Étranger les travaux
des missions scientifiques occupées à dresser l'inventaire de ses
ressources, dans le programme de grands travaux soumis au
Parlement et dont l'exécution, escomptée pour un proche avenir,
la doterait d'une grande artère d'évacuation allant du Betsileo à la
mer — à compléter ultérieurement par la jonction Antsirabe-
Fianarantsoa, — de sept nouvelles voies ferrées économiques intéressant les régions côtières, — de canaux se développant le long du
rivage et permettant la circulation intérieure des produits, — de
ports aménagés, indispensables désormais aux besoins de son trafic,
— et d'un groupe médical modèle comportant de nouveaux bâtiments pour l'école de médecine, un hôpital centra let une maternité

Mise en valeur économique du pays, mise en valeur de la
richesse humaine que représentent les populations confiées à notre
tutelle, ce sont les deux termes aujourd'hui inséparables qui défi-
nissent la mission coloniale de la France. En établissant pour

notre Domaine d'outre-mer tout entier le magistral programme auquel je me référais tout à l'heure, M. Albert SARRAUT a déterminé les principes et les méthodes d'une politique à la fois idéaliste et réaliste s'inspirant de cette double préoccupation.

Plus qu'aucun autre, un pays vaste comme celui-ci, sans voies naturelles de pénétration, réclame la mise en œuvre de l'outillage public qui conditionne son développement. En même temps il comprend la nécessité d'organiser, sur les bases de la confiance mutuelle et d'une participation légale de tous les éléments de la colonie à la gestion des intérêts généraux, les rapports de collaboration « d'association » des indigènes et de la colonisation dans l'œuvre de faire une plus grande France ! Plus qu'aucun autre, il est pénétré du devoir de remédier au déficit de population qui entrave sa vie économique en s'efforçant de réduire les causes de la mortalité et, par le développement de l'instruction en vue de préparer la formation d'une élite, par la diffusion de l'enseignement technique et professionnel dans la masse laborieuse, d'éveiller les aptitudes de chaque race dans la ligne de son individualité. Tâche du médecin, tâche de l'éducateur, tâche aussi de tous ceux qui veulent prendre leur part d'une création d'humanité !

DISCOURS

PRONONCÉ PAR

M. MARTIAL MERLIN

Gouverneur général de l'Indochine

A LA

SESSION ORDINAIRE DU CONSEIL DE GOUVERNEMENT

———

Novembre 1923

———

Discours de M. Martial MERLIN

Messieurs,

C'est la première fois que je suis appelé à présider votre Assemblée. Aussi me fais-je un devoir de vous adresser à tous, non seulement en vos personnes, mais comme représentants de la population entière de l'Indochine, tant européenne qu'indigène, mon plus cordial salut. Ce m'est un devoir d'autant plus agréable que je garde à l'Indochine une sincère reconnaissance de l'accueil plein de sympathie et de confiance qui m'a été fait par tous les éléments indochinois, aussi bien à Paris qu'ici même. Je ne pouvais prétendre, dès mon arrivée, à mes lettres de grande naturalisation indochinoise ; j'ai du moins eu la satisfaction de me sentir partout reçu comme un membre de la grande famille coloniale, de cette famille à laquelle nous appartenons tous, quelle que soit notre profession, de cette famille qui, depuis cinquante ans, sous les climats les plus rudes, travaille, du patriotisme le plus pur, à doter la Mère-Patrie d'un magnifique Empire d'outre-mer, à faire la France, dans toutes les parties du monde, plus riche, plus forte, plus respectée et plus glorieuse.

Je m'efforcerai de ne pas décevoir les espoirs que vous fondez sur moi. Je vous apporte le fruit d'une longue expérience administrative, acquise dans l'exercice de charges importantes, un peu sur toutes les terres du monde. Vous m'apportez, avec les points de vue divers de vos professions différentes, le produit de votre expérience particulière du pays, de ses besoins, de ses ressources et de ses aspirations. Nos connaissances mises en commun, une collaboration étroite établie entre nous, pratiquée de part et d'autre avec une égale bonne foi et surtout avec une égale bonne volonté, dans le seul souci de l'intérêt général, nous sommes certains de bien remplir notre tâche et de bien servir le Pays. Ces sentiments de sincérité dans les paroles, de loyauté dans les actes, de confiance réciproque, de bonne volonté active, je tiens à les

placer au fronton de mon administration, et soyez assurés,
Messieurs, que je les pratiquerai toujours à votre égard. Je suis
convaincu que, sans eux, il n'est pas d'effort qui produise ni de
desseins qui s'achèvent. La tâche que nous avons à accomplir ne
peut être poursuivie avec allégresse, à travers les dificultés de
chaque jour, ne peut aboutir au succès, que dans cette atmosphère
de sympathie qui est la secrète et profonde animatrice de toutes les
œuvres vraiment fécondes. Je souhaite, Messieurs, que ce soit
toujours dans une telle atmosphère que nous travaillions les uns
et les autres à la grandeur d'un pays qui nous est également
cher.

*
* *

Dès mon débarquement en Indochine, j'ai décidé d'en par-
courir aussitôt les diverses parties, afin d'entrer immédiatement en
contact avec tous les éléments de la population, afin de voir par
moi-même les hommes et les choses et d'être en mesure, à mon
arrivée dans la capitale du pays, de situer mieux les affaires qui
me seraient présentées par mes services. C'est ainsi que j'ai visité
le Cambodge, la Cochinchine, l'Annam et une partie du Tonkin.
L'accueil qui m'a été fait partout, l'intérêt des choses que j'ai vues,
les questions qui m'ont été soumises ne m'ont pas fait regretter
ma décision. J'ai constaté, de mes yeux mêmes, la grande richesse
de ce pays, d'une part, avec ses ressources agricoles infiniment
variées : le riz d'abord, mais aussi le caoutchouc, la canne à sucre,
le café, le thé, le coton, les épices, tout ce que peuvent produire
les terres intertropicales ; d'autre part, avec les réserves minières
que recèlent ses montagnes : la houille, le fer, l'étain, le zinc et
peut-être même le pétrole ; mais surtout avec sa populati on de vingt
millions d'individus. J'ai vu l'effort accompli, par l'Administration aussi bien que par les commerçants, les colons et les industriels
pour mettre en œuvre toutes ces richesses. C'est avec une admiration émue que mon esprit s'est porté vers les grands et bons
ouvriers de cette magnifique tâche, depuis ceux de la première
heure, les Évêque d'Adran et les Jean Dupuis, les Francis Garnier
et les Henri Rivière, les grands Amiraux et les grands Généraux de
la conquête, sans oublier les vaillants marins et marsouins qui les
ont partout suivis, blanchissant, hélas ! trop souvent, de leurs os

les routes parcourues, jusqu'aux grands organisateurs de cette conquête, les Paul Bert, les Lanessan, Paul Doumer qui bâtit d'un
ciment si solide l'Union indochinoise, Albert SARRAUT qui, dans
des formules si éloquentes et si heureuses, fixa l'orientation définitive de la politique indigène selon l'idéal généreux de la France.

C'est d'un sentiment non moins vif que mon admiration est
allée à cette vaillante race annamite qui, après nous avoir résisté
parce qu'elle ne nous connaissait pas et ne nous comprenait pas,
est devenue notre meilleure collaboratrice dans l'œuvre accomplie.
Race patiente et docile, laborieuse, industrieuse et économe dans
sa masse, d'esprit cultivé et singulièrement ouvert dans son élite.
Ma sympathie n'a pas été moindrement éveillée à la séduction de
la race cambodgienne, si gracieuse, si artistique, si travailleuse
aussi, et dont le grand passé, qui se perd dans l'histoire khmer,
ne demande qu'à revivre sous notre régime.

Je manquerais à l'un de mes devoirs si, au retour de ce voyage
à travers l'Annam et le Cambodge, je n'adressais publiquement à
S. M. l'Empereur KHAI-DINH et à S. M. SISOWATH l'expression
de ma satisfaction de l'état dans lequel j'ai trouvé leur royaume et
mes remercîments pour l'accueil que j'y ai reçu des populations,
de leur cour et d'eux-mêmes. Je me suis entretenu avec ces Chefs
d'État ; j'ai constaté le grand amour qu'ils nourrissaient pour leur
peuple, le grand souci qu'ils avaient de leurs devoirs envers lui et
et envers la France. Ils m'ont exprimé, à mainte reprise, leur
reconnaissance envers la Nation protectrice pour la paix et l'ordre
qu'elle avait définitivement assurés à leur pays. Ils m'ont réitéré les
assurances de rester dans l'avenir nos actifs collaborateurs dans
l'œuvre de progrès matériel et moral que nous nous efforçons de
réaliser en Indochine.

Je regrette que le loisir ne m'ait pas été donné de poursuivre
mon voyage dans le Haut-Tonkin et jusqu'au Laos. Je me propose
de visiter ces pays dans les premiers mois de l'année prochaine.
Le Roi de Luang-Prabang, S. M. SISAWONG, m'a fait savoir
que, dans le cours du mois de janvier, il viendrait à Hanoï où je
serai heureux de le recevoir.

*
* *

Dès mon arrivée dans la capitale de l'Indochine, dès les premières conférences que j'ai eues avec les Chefs des services prin cipaux du Gouvernement général, j'ai eu la confirmation de l'excellente situation du pays.

Au point de vue politique, la tranquillité est complète aux frontières, le calme est absolu à l'intérieur. Nos rapports avec les autorités des provinces chinoises contiguës au Tonkin sont excellents, et c'est en plein accord avec celles-ci que la surveillance des frontières et de la voie ferrée du Yunnan est assurée. Le Maréchal TANG-KI-YAO, qui exerce son action sur le Yunnan, nous prête, en toute circonstance, un concours que nous apprécions hautement. Seule, la province de Kouang-toung reste agitée jusqu'aux abords de notre territoire de Kouang-Tchéou-Wan qui sert de refuge alternatif à tous les vaincus de la veille, sans que, toutefois, la tranquillité y soit, pour cela, troublée.

Nos relations avec le Royaume de Siam deviennent chaque jour meilleures, depuis les arrangements de 1920 réglant les conditions de la police sur les rives du Mékong, et c'est dans une atmosphère de confiance réciproque que se poursuivront, je l'espère, les négociations pour la revision des traités de 1907. J'ai d'ailleurs eu soin de faire spécifier, au cours de mon dernier séjour à Paris, que, dans ces négociations, le rôle et la situation spéciale de l'Indochine seraient entièrement réservés pour des accords particuliers entre l'Union indochinoise et le Royaume de Siam. Notre actif Ministre à Bangkok, M. PILA, m'a d'ailleurs annoncé sa visite pour le mois de janvier prochain, afin que nous arrêtions de concert, notre programme d'action.

Je trahirais, Messieurs, vos sentiments, si je ne réitérais au Japon — la Nation amie et alliée — l'expression des sentiments de profonde sympathie qu'à éveillés dans toute l'Indochine la catastrophe qui vient d'éprouver la région de Tokio et de Yokohama. Dès la première heure, l'Indochine a pu donner à notre grande voisine le témoignage effectif de cette sympathie en envoyant sur place, à la disposition de notre Ambassadeur, une mission dirigée par le docteur MOTAIS. Grâce à la générosité indochinoise, près de deux millions de francs ont été adressés à M. CLAUDEL, qui lui ont permis d'apporter une aide efficace aux œuvres françaises instituées au Japon et à nos malheureux compatriotes dans le malheur, d'organiser un dispensaire où tous les soins les plus urgents ont été donnés. La promptitude de notre assistance a été hautement appréciée par notre Ambassadeur et par le Gouvernement japonais qui nous ont, à diverses reprises, fait parvenir de chauds remerciements.

A l'intérieur, notre action organisatrice se poursuit dans la paix laborieuse des populations. Si bien que, progressivement, elle s'étend à des territoires où jusqu'à présent notre œuvre de pénétration ne s'était fait sentir que d'une façon sporadique et sans méthode. C'est ainsi que, sous l'impulsion des distingués Chefs d'administration locale de la Cochinchine et de l'Annam, le Pays moï s'ouvre de plus en plus et se discipline progressivement. Particulièrement, l'Annam décolle, peut-on dire, de la côte pour s'intéresser aux hautes vallées de l'intérieur. Je ne saurais trop louer ces hauts fonctionnaires de leur initiative qui est de nature à accroître l'aire productive des pays qu'ils administrent et à nous assurer le concours de populations particulièrement vigoureuses.

Partout ailleurs, dans les plaines riches des deltas, dans les vallées où se cultive le riz; les populations travaillent, s'enrichissent et chaque jour apprécient davantage les bienfaits de la paix française. Au fur et à mesure qu'elles nous donnent des gages de leur fidélité, elles sont appelées à prendre une part de plus en plus large à la gestion de la chose publique. Je n'ai pas besoin de rappeler les réformes apportées, au cours de ces dernières années, à l'institution et au fonctionnement des différentes assemblées locales : Conseil colonial, Conseil de Protectorat, Chambres consultatives indigènes, Chambres de Commerce et d'Agriculture, Conseils municipaux, Commissions municipales et Communes indigènes. Judicieusement conçues, elles ont partout donné d'excellents résultats. S'inspirant d'une saine doctrine coloniale, d'une vue juste de ce que doit être la politique d'association de la Nation protectrice avec les peuples protégés, il ne pouvait en être autrement. J'estime, en effet, avec notre éminent Ministre des Colonies, avec tous les esprits qui ont médité sur notre œuvre de colonisation, qu'au fur et à mesure que s'organisent nos Possessions d'outre-mer, que la vie administrative y devient plus complexe, doivent être constituées, auprès des Gouverneurs généraux comme des Chefs de colonie, des Assemblées locales, fortes, où les divers éléments de la population, tant européenne qu'indigène, sont appelés, chacun dans la mesure qu'il convient, à participer à la gestion des affaires publiques. Ces Assemblées, régulièrement constituées, périodiquement réunies, pourvues d'attributions précises, viennent assister, dans l'accomplissement de ses principaux actes, le pouvoir exécutif dont l'autorité avait dû, tout d'abord, s'exercer discrétionnairement. Elles permettent à celui-ci de rester constamment en contact avec l'opinion publique, de connaître à tout moment les aspirations de celle-ci et de lui faire comprendre ses intentions. Par les éléments de compétence et d'information précieux qu'il y trouve, elles le mettent en mesure d'éviter toute erreur de conduite, d'exercer à tout instant sur lui-même un contrôle utile, et de faire valoir avec plus d'autorité auprès de la Métropole les justes revendications de la colonie. Par ailleurs, les membres qui font partie de ces Conseils y prennent le sens de la complexité de la vie publique et de la tâche administrative, ainsi que la part qui, dans les aspirations de la population, peut être progressivement réalisée, sans compromettre foncièrement, ni les intérêts sociaux, ni les intérêts économiques du pays. A participer ainsi à la gestion des affaires publiques, chacun prend le sentiment exact des réalités et la conscience de ses responsabilités. C'est pour tous, une excellente école de vie politique. Dans certains pays, où nous avons parfois un peu légèrement rompu tous les cadres sociaux, il est de toute nécessité de multiplier ces organes de vraie et saine vie publique, depuis le simple Conseil de la Commune indigène jusqu'à un Conseil plus général par pays et une sorte de Conseil suprême commun à tout le groupe. Ces Assemblées, d'abord consultatives, peuvent et doivent, par la suite, se transformer en Assemblées délibérantes, au fur et à mesure des progrès réalisés par l'esprit public. Il convient, toutefois, de veiller à ce que cette correspondance, entre le progrès de l'esprit public et les libertés plus grandes octroyées, soit exactement observée et que nulle assemblée ne soit appelée à détenir une parcelle plus importante d'autorité avant d'avoir acquis une expérience suffisante de la gestion des affaires publiques et le sentiment précis des grands devoirs et des lourdes responsabilités que lui impose cette gestion. Dans les colonies, dans ces pays neufs qui sont en perpétuelle transformation, sous l'impulsion féconde de notre action, il importe d'éviter deux écueils : de s'attarder aux formules désuètes ou d'adopter trop tôt des formules trop nouvelles.

Dans le premier cas, on crée des mécontentements qui, pour ne pas apparaître tout de suite, n'en sont pas moins profonds, risquent d'entraîner la désaffection de la population à l'égard de la Métropole et même de provoquer des mouvements de révolte d'un caractère plus ou moins grave. Dans le deuxième cas, on s'expose à mettre entre les mains des indigènes des instruments délicats dont ils n'ont pas encore appris à se servir et à substituer à l'ordre ancien, qui pour n'être pas parfait n'en est par moins l'ordre, un état démagogique qui ne tarde pas à verser dans l'anarchie pure. Il convient, en pareille matière, de suivre avec soin l'évolution des esprits, les progrès sociaux accomplis par les populations et de satisfaire à leurs aspirations légitimes dans la mesure même où elles se révèlent capables de les réaliser, sans désordre ni matériel ni moral. L'un des problèmes les plus délicats est, dans nos Possessions d'outre-mer, la formation même de ces Assemblées. Il importe de veiller attentivement à ce que tous les éléments de la population, tant européenne qu'autochtone, ainsi que tous les intérêts en cause, intérêts économiques, commerciaux, industriels et agricoles, intérêts administratifs et des finances publiques, intérêts politiques mêmes, y soient exactement représentés, sans qu'aucun d'eux ait le sentiment d'être sacrifié aux autres. Il est non moins délicat de régler les rapports des races en présence dont les efforts doivent se coordonner, dont la collaboration doit s'organiser pour assurer la prospérité du pays et dont les aspirations doivent finalement se confondre dans un même zèle pour le bien public, dans un égal sentiment de respect et d'attachement à la Mère-Patrie. En Indochine, la tâche est particulièrement facile et particulièrement difficile. Ce ne sont plus, comme dans la plupart des régions d'Afrique, la civilisation et la barbarie qui s'affrontent, ce sont deux civilisations qui entrent en contact et qui doivent se combiner. Tâche facile, parce que la civilisation européenne s'adresse ici à une race intelligente, à des esprits pour beaucoup ouverts et cultivés. Tâche délicate, parce que la civilisation occidentale doit, peu à peu, sans heurt, sans froissements d'âme, pénétrer, pour lui rendre vie, une civilisation très différente, qui, au cours des siècles, s'est attardée endormie en quelque sorte, dans des formes et des formules vieillies.

En conséquence des principes que je viens de vous exposer, je m'attacherai à poursuivre l'œuvre d'évolution et d'émancipation, si éloquemment définie, à maintes reprises, par M. Albert SARRAUT, alors qu'il était Gouverneur général de l'Indochine et depuis qu'il est Ministre des Colonies, commencée par lui et si heureusement continuée par mon éminent prédécesseur, M. Maurice LONG. Au fur et à mesure que la nécessité en apparaîtra, j'apporterai aux institutions locales les améliorations utiles. D'ores et déjà, j'estime

qu'il en est une, réclamée par l'opinion, qui doit retenir l'attention
des pouvoirs publics. Le Conseil du Gouvernement général, tel
qu'il a été institué par les actes de 1911, ne correspond plus, ni
aux circonstances, ni aux idées nées de la guerre, ni aux progrès
accomplis par le Pays. L'Indochine, par son développement, par
sa richesse sans cesse accrue, par le rayonnement qu'elle exerce,
aussi bien au point de vue économique qu'au point de vue moral,
dans tout l'Extrême-Orient, par le rôle de Métropole-Seconde
qu'elle est appelée, dans les vues justes du Gouvernement, à jouer
jusqu'aux confins du Pacifique, prend peu à peu figure de Domi-
nion. Dans ces conditions, il devient nécessaire qu'auprès du
Gouverneur général chargé des intérêts supérieurs de l'Union
indochinoise et représentant auprès d'elle les intérêts nationaux de
la Métropole, il y ait une Assemblée indépendante du pouvoir
exécutif. Puisant, dans une sage mesure, son autorité dans tous
les éléments de richesse et de travail du pays, cette Assemblée sera
qualifiée pour faire valoir avec plus de force auprès du Gouverneur
général les vœux de l'opinion publique locale et pour appuyer ce
haut fonctionnaire dans la défense, auprès de la Métropole, des
intérêts primordiaux de l'Indochine. Par la suite, elle pourra
prendre progressivement son véritable caractère qui doit être, finalement, celui, non seulement d'une assemblée financière qui fixe
les taxes et délibère les budgets, mais d'un Conseil législatif appelé
à assister le Gouverneur général dans tous ceux de ses actes qui
intéressent l'ensemble des pays qui constituent l'Union indochinoise.
Une semblable institution est en outre l'instrument le plus sûr pour
donner à l'Indochine le sentiment exact des intérêts communs qui
la régissent et faire perdre aux intérêts locaux ce qu'ont parfois
d'excessif leurs exigences particularistes.

Si j'ai tenu à vous faire connaître tout d'abord et avec précision
mes idées en matière de politique indigène, et même de politique
tout court, c'est que je considère cette matière comme de première
importance et de nature à déterminer toutes les autres. M. Thiers
n'avait-il pas raison quand il disait naguère à l'Assemblée nationale
« Faites-moi de bonne politique et je vous ferai de bonnes affaires ».

La situation actuelle économique et financière de l'Indochine ne témoigne-t-elle pas de la vérité de cet apophtegme. La politique libérale, généreuse, ferme et sage que la France a suivie dans ce pays, depuis de longues années, porte aujourd'hui tous ses fruits.

La situation économique et financière de l'Indochine est aussi bonne que sa situation politique. Le mouvement commercial continue à progresser normalement. Il a, en 1922, atteint 2.760.000 tonnes représentant une valeur de 1 milliard 952 millions de francs et dans les six premiers mois de 1923, le chiffre de 1 milliard 187 millions de francs, en augmentation de 219 millions sur la période correspondante de 1922. Il a, en 1922, été exporté 1.440.000 tonnes de riz pour une valeur de 782 millions de francs, 622.000 tonnes de houille pour une valeur de 25 millions de francs et 4.623 tonnes de caoutchouc pour 37 millions de francs. Pendant le premier semestre 1923, l'exportation du riz a atteint 855.000 tonnes pour 411 millions de francs, celle de la houille 340.000 tonnes pour 21 millions de francs et le caoutchouc 2.532 tonnes pour 13 millions de francs.

Le progrès économique, le développement et la prospérité du pays ont naturellement eu leur répercussion dans toutes les branches financières, banque, trésorerie, budget. Les encaisses métalliques de la Banque n'ont pas cessé de se renforcer et, bien que la limite maxima d'émission des billets ait été abaissée au quintuple de l'encaisse, la ciculation fiduciaire demeure en fait non seulement au-dessous de cette limite, mais même au-dessous de la limite d'avant guerre qui était fixée au triple de l'encaisse.

La situation monétaire n'a cessé de s'assainir, les coupures divisionnaires si incommodes, mais qui ont dans leur temps rendu de réels services, ne sont plus reçues dans les caisses publiques depuis le 1er août dernier. De même sont retirées progressivement de la circulation les monnaies divisionnaires au 400/1.000 dont la frappe et l'aspect laissaient à désirer, ainsi que les anciennes monnaies au 900/1.000 et au 825/1.000. Ces pièces retirées de la circulation sont envoyées à la Monnaie de Paris pour être refondues en monnaie du nouveau type de 680/1.000. Ces opérations ont été rendues possibles par suite de l'arrivée régulière dans la colonie de gros envois de cette dernière monnaie pour lesquelles des achats importants de métal avaient été effectués.

L'Administration assure aussi son approvisionnement en billon, 45 millions de cents ont été commandés, 30 millions sont déjà parvenus. Enfin, la nouvelle pièce en nickel de 5 cents ne tardera pas à faire son apparition, contribuant à faciliter les transactions locales.

L'aisance de la Trésorerie est manifeste. Le compte courant du Trésor à la Banque d'Indochine n'a jamais cessé, pendant toute l'année 1922 et pendant la période écoulée de l'exercice courant, d'être créditeur. Le minimum de ce solde a été de 4.637.499 piastres au 28 février 1922 et est toujours resté, depuis lors, supérieur à ce chiffre. Au 30 juin 1923, il était de 22.658.059 piastres. Ces disponibilités sont d'autant plus considérables qu'elles représentent exclusivement les fonds libres des divers budgets indochinois, sans aucune participation des fonds de la Trésorerie métropolitaine dont le crédit en Indochine compense le débit.

Dans ces conditions, l'examen de la situation financière peut être, cette année comme les années précédentes, un sujet de satisfaction et de légitime orgueil. La prospérité financière de la colonie n'a cessé de s'affirmer au cours des derniers exercices ainsi qu'en témoignent les plus-values constatées dans les recettes ordinaires qui, abstraction faite des recettes accidentelles et imprévues, sont passées successivement de 43.840.000 piastres, en 1919, à 49.359.000 piastres, en 1920, à 59.807.000 piastres, en 1921, et à 64.654.000 piastres en 1922. L'exercice 1922 n'a pas démenti les résultats qu'on attendait de lui, puisque, après le versement des fonds prélevés en cours d'année sur la caisse de réserve — et auxquels, en fait, on n'a pas eu besoin de recourir — il s'est soldé par un reliquat de 8.025.000 piastres qui ont été versées aux fonds de réserve, rendant ainsi possible, pour 1924, au titre des « Dépenses extraordinaires », l'inscription de crédits importants pour l'exécution de travaux neufs. L'exercice 1923 laissera, vraisemblablement dans les mêmes conditions, un excédent de 6.500.000 piastres.

Toutefois, si l'examen des bilans précédents accuse ainsi des reliquats considérables, il importe de se rendre compte que, tout en étant dus, pour une grande part, au développement normal du pays, ces résultats ont également eu des causes accidentelles ou, tout au moins, dont l'influence ne se fera plus, dans l'avenir, sentir avec la même intensité. La réforme fiscale, entreprise par mon prédécesseur, M. Long, a pour ainsi dire donné ses pleins effets. Les bénéfices exceptionnels provenant de la liquidation du compte spécial ont été presque totalement encaissés au profit des exercices 1921 et 1922 et l'exercice 1923 n'a plus guère à attendre de ce chef qu'une recette de clôture insignifiante. Enfin, si l'on recherche plus avant les raisons des excédents des derniers exercices, on les trouvera encore dans le déséquilibre momentané qui s'est produit entre la recette et la dépense, celle-là s'accroissant, sous l'impulsion de remaniements fiscaux et de circonstances économiques exceptionnellement favorables, plus rapidement que les moyens d'action et que la faculté d'emploi des crédits.

Avec un juste sentiment des besoins du pays, on a fait largement état des plus-values constatées dans l'établissement des budgets ordinaires des dernières années : les prévisions de dépenses ordinaires, qui n'étaient en 1922 que de 1.279.000 piastres, supérieures à celles de 1921, ont été relevées en 1923 de 3.976.000 piastres et ces mêmes prévisions se trouvent, dans le budget de 1924, majorées de près de 4 millions de piastres, par rapport à celles de 1923. Il est évident que cette augmentation constante des voies et moyens ne peut manquer d'amener une certaine stabilisation budgétaire, réduisant progressivement les disponibilités dont on s'était accoutumé de faire état.

Le projet de budget général, pour l'exercice 1924, s'élève à 76.623.000 piastres, en augmentation sur le précédent de près de 5 millions de piastres. Les prévisions des dépenses ordinaires y figurent pour 62.050.000 piastres en augmentation de 3.956.000 piast. sur les prévisions de même nature du budget en cours.

Par ailleurs, pour la même année 1924, l'ensemble des budgets locaux, déduction faite des subventions que leur sert le budget général et qui s'élèvent au total à 8.223.000 piastres, atteint le chiffre global de 49.500.000 piastres. L'ensemble des budgets provinciaux de la Cochinchine s'élève à 4.531.000 piastres et celui des budgets municipaux à 7.521.000 piastres. L'ensemble des budgets ordinaires de l'Indochine atteint donc 124 millions de piastres. Si à cette somme on ajoute le montant global des budgets annexes, Emprunts, Chemins de fer, Arsenal, s'élevant à 6.400.000 piastres, on peut dire que c'est une somme de 130 millions de piastres, soit près d'un milliard de francs que les budgets de l'Indochine mettront, en 1924, en circulation dans le pays.

Mais pour donner la physionomie complète de la situation financière de l'Indochine, il convient de considérer également la situation des caisses de réserve. Au 31 octobre dernier, la caisse de réserve du budget général s'élevait à 25 millions de piastres,

Celles des budgets locaux, dans leur ensemble, à 7 millions de piastres, soit au total 32 millions de piastres.

Telles sont, Messieurs, les garanties que l'Indochine offre aux porteurs de titres de ses emprunts passés, présents ou futurs.

*
* *

La situation financière de l'Indochine apparaît donc particulièrement florissante. Il est bon qu'il en soit ainsi car si l'œuvre accomplie dans le passé est grande, une œuvre plus considérable encore reste à poursuivre dans l'avenir.

La France a établi partout en Indochine la paix française. Elle a définitivement garanti le pays contre les convoitises de voisins entreprenants. Elle a assuré à tous, non seulement la sécurité absolue dans les personnes et dans les biens, mais une justice égale, sans distinction de race, de caste ni de personne. Elle a ainsi donné à tous la faculté de s'enrichir par le travail qui est le principal facteur de la prospérité actuelle. C'est un ensemble de faits que la population indigène, si éprouvée dans le passé par les incursions chinoises au Tonkin et dans le Nord-Annan, par les incursions siamoises au Cambodge, ne doit jamais oublier, pas plus les jeunes qui ont toujours joui de cette paix que les vieux qui ont connu des temps plus durs.

Mais la France n'a pas borné là son effort. Elle a ouvert, organisé, rendu chaque jour plus actifs des ports tels que Saïgon et Haïphong. Elle a créé un admirable réseau routier de 37.000 kilomètres de long, mettant en rapport tous les centres importants de la colonie, pénétrant de plus en plus dans les hautes vallées de l'intérieur. Elle a construit 2.055 kilomètres de voies ferrées. Elle eût peut-être pu, elle eût peut-être dû en construire davantage. Elle a commencé, peut-être un peu tardivement, d'importants travaux d'irrigation en Cochinchine, au Tonkin et en Annan. Elle a donné, sous l'impulsion de M. Albert SARRAUT, un développement digne d'éloges à l'Assistance médicale et à l'Enseignement. L'œuvre accomplie est certes grandiose. Elle a forcé l'admiration de tous ceux qui ont visité l'Indochine.

Mais elle reste à compléter. Les ports de Saïgon et d'Haïphong ont besoin, dans leurs accès et dans leurs abords, de travaux complémentaires importants, d'un outillage perfectionné pour satisfaire aux besoins nouveaux de la navigation. L'aménagement des ports de Vinh et de Tourane va s'imposer dès qu'une voie ferrée mettra le Laos en communication avec la côte maritime.

Le chemin de fer transindochinois, si heureusement conçu par Paul Doumer, devrait être achevé depuis longtemps. Il faut le poursuivre activement pour que l'Union indochinoise, cessant d'être une expression géographique et administrative, devienne effective et que disparaissent définitivement les cloisons qui s'élèvent encore trop hautes entre Cochinchine, Annan et Tonkin, pour ne faire des populations cochinchinoises, annamites et tonkinoises qu'une seule et même population indochinoise !

La voie ferrée transindochinoise doit être complétée par la voie ferrée qui, de Tanap à Takkek, viendra apporter au Laos le débouché vers la côte qui lui fait défaut.

Plus au sud, Saïgon doit être relié par le rail à Phnom-Penh, Battambang et Sisophon jusqu'à la frontière siamoise. Enfin, d'autres voies ferrées tendent à se révéler prochainement nécessaires, ou simplement utiles, dans la presqu'île cochinchinoise.

Mais avant tout, il importe de poursuivre sans délai, avec une activité méthodique, l'œuvre d'irrigation des deltas déjà entreprise : étendre la surface cultivable, substituer la rizière au marais, accroître la production du sol, assurer la régularité des récoltes, supprimer définitivement la famine, augmenter la faculté d'exportation du pays, c'est la meilleure des politiques économiques, c'est aussi la meilleure des politiques indigènes ; c'est enrichir la population, c'est lui montrer que l'argent qu'on réclame d'elle, au titre des impôts, lui fait retour en développant ses ressources et la valeur de ses biens.

L'œuvre des irrigations est presque achevée en Cochinchine grâce à l'effort continu de cette belle et riche colonie. Elle est heureusement commencée au Tonkin et en Annan, elle doit y être poursuivie sans défaillance et sans arrêt. Elle doit être entreprise au Cambodge. Je vous donne l'assurance qu'à une tâche semblable le concours du Gouvernement général ne fera jamais défaut.

*
* *

Ces problèmes ne sont pas les seuls qui doivent occuper l'activité de l'Administration supérieure. Il en est deux autres qui sont aussi essentiels et auxquels notre Ministre actuel attache, avec raison, la plus haute importance. C'est le développement de l'Assistance médicale et le développement de l'Instruction publique. Lorsque quelque peuple européen s'installe dans un pays neuf pour en mettre dans la circulation du monde les produits du sol, il contracte de ce fait même l'obligation étroite d'apporter aux populations, au milieu desquelles il s'établit, les bénéfices de sa propre civilisation : il a le devoir strict d'améliorer rapidement leurs conditions sociales et de les conduire activement dans la voie du progrès intellectuel et moral. Il ne suffit pas, en effet, de constituer l'outillage économique, d'accroître la production d'un pays pour en assurer la prospérité ; il faut ménager et développer le capital le plus précieux de tous, celui que, d'un mot pittoresque et juste, on a appelé le «capital humain». Il faut empêcher des populations misérables et ignorantes d'être décimées par les maladies endémiques ou épidémiques. Il faut surtout veiller à ce que la fécondité des mères ne reste pas vaine, par excès de morti-natalité ou par la disparition d'un trop grand nombre d'enfants en bas-âge.

En Indochine, il a été déjà fait beaucoup pour l'assistance médicale indigène. Toutes les grandes villes, tous les principaux centres sont pourvus d'hôpitaux et d'instituts, de maternités et de dispensaires parfaitement organisés. Toutefois, en cette matière, quoiqu'il ait été fait, il n'a jamais été assez fait. Si les localités importantes sont pourvues des formations sanitaires nécessaires, il n'y a pas, dans l'intérieur, assez d'infirmeries-ambulances, assez de dispensaires pour pourvoir aux nombreux besoins des malades et enseigner aux indigènes les bienfaits de notre médecine occidentale. Je n'ignore rien des difficultés que rencontre l'exécution d'un si vaste programme : recrutement de médecins toujours plus nombreux, dépenses toujours grandissantes. Mais l'hésitation, l'atermoiement ne sont pas permis dans une telle entreprise, parce qu'il y va de la santé des populations que nous devons garantir. Je ne saurais trop recommander à Messieurs les Gouverneurs et à Messieurs les Résidents supérieurs de porter toute leur attention sur cet objet et d'y consacrer le plus clair de leur effort.

Si l'assistance médicale indigène a pour effet d'accroître le capital humain en quantité et en valeur physique, l'instruction a pour effet d'accroître son rendement intellectuel et sa valeur morale. C'est par ailleurs un devoir sacré pour la Nation protectrice de développer l'enseignement pour faire rapidement progresser les populations dont elle a la tutelle dans les voies de la civilisation. Là situation est particulièrement favorable en Indochine avec le peuple lettré d'Annam, avec le peuple artiste du Cambodge, avec le goût de l'instruction que les siècles ont ancré dans l'esprit de tous. L'œuvre accomplie, en matière d'instruction publique, en Indochine, est considérable. Peut-être, toutefois, dans le désir de parfaire l'enseignement supérieur, a-t-on quelque peu négligé l'enseignement primaire. On a érigé bien des écoles en collèges, on a multiplié les branches d'une université — dont je reconnais tout l'intérêt — pour retenir ici l'élite de la population, pour y attirer certains éléments supérieurs de l'étranger, pour exercer cette action de rayonnement français dévolue à l'Indochine en Extrême-Orient. Mais à considérer le faîte de l'édifice on a, semble-t-il, un peu perdu de vue ce qui en constitue les fondations solides, l'Enseignement primaire. Or, cet enseignement est le seul qui atteigne, qui pénètre et qui discipline la masse de la population. Ne pas le développer intensément, alors qu'on constitue des élites, risque de créer un déséquilibre dangereux entre les divers éléments de la population, de produire une floraison de serres chaudes, d'engendrer toute une caste de déracinés propres à devenir bientôt des éléments de mécontentement et des ferments d'agitation. J'insiste donc auprès de vous, Messieurs, pour que les écoles primaires, et simplement primaires, s'ouvrent de plus en plus nombreuses dans l'intérieur. Je sais que la difficulté est moins encore de disposer des crédits nécessaires à ces écoles auxquelles se montre si favorable la population, que de trouver les maîtres qui les dirigent. Cette situation nous impose de multiplier sans compter les écoles normales où seront formés les instituteurs. Une meilleure répartition des crédits, entre l'Enseignement supérieur et l'Enseignement primaire, permettra sans doute de pourvoir, au moins partiellement, aux nouveaux besoins à satisfaire. Peut-être, pourra-t-on viser à avoir non pas moins d'étudiants mais plus d'écoliers, moins de professeurs et plus d'élèves, moins de cours et plus d'auditeurs à former, sans exclure, certes, une élite nécessaire, par la simple école primaire et par l'école professionnelle, beaucoup d'artisans, beaucoup de bons ouvriers et à étendre l'instruction plus encore, dirai-je, dans le plan horizontal que dans le plan vertical.

Le rapide exposé que je viens de vous présenter fait ressortir combien la situation actuelle de l'Indochine est à la fois solide et brillante. Il montre la grandeur de l'œuvre déjà réalisée et fait aussi apparaître l'ampleur de celle qui reste à accomplir. Pour assurer le succès de cette dernière tâche, il est deux conditions nécessaires : conserver des finances saines et souples, coordonner et concentrer son effort et surtout ne point le disperser. Si administrer c'est prévoir, gouverner c'est choisir. Le programme établi par M. Albert SARRAUT a magistralement exposé ce qui était encore à faire. Toutefois, le Ministre des Colonies escomptait à l'époque, pour l'exécution des grands travaux publics considérés, des moyens financiers que la situation actuelle de la France a fait s'évanouir. La colonie doit aujourd'hui admettre que tout l'effort financier nécessaire à la réalisation du programme lui incombera. Elle peut heureusement y pourvoir, mais à condition que la Métropole, renonçant à la politique vers laquelle elle semble avoir incliné l'an dernier, laisse au pays la libre disposition de toutes ses ressources sans exception. Vous n'ignorez pas que l'Indochine s'est vue, cette année, obligée à faire brusquement face à un relèvement considérable de sa contribution aux dépenses militaires de la Métropole. Cette dernière ayant été portée de 13 millions, en 1922, à 18 millions, en 1923, et à 20 millions en 1924, c'est une aggravation de charges de 7 millions de francs qui, en deux ans, nous a inopinément été imposée. Il est, à ce sujet, à remarquer que l'obligation qui résulte de la dernière loi de finances n'est pas la seule qui pèse sur le budget général de l'Indochine. L'ensemble des dépenses d'ordre militaire supportées par celui-ci n'est, au total, pas inférieur à 9 millions de piastres, soit, en décomptant la piastre au taux budgétaire de 6 francs, 54 millions de francs. Un effort semblable n'est demandé à aucune autre colonie, pas même à l'Algérie, où cependant les dépenses militaires qu'y fait la Métropole sont autrement considérables qu'en Indochine. Je ne doute pas, qu'à l'avenir, les pouvoirs publics métropolitains, plus amplement informés, mieux avisés, ne comprennent qu'il est d'une politique plus haute, de vues plus étendues, de laisser à l'Indochine l'usage de toutes ses ressources afin qu'elle puisse, dans la plus large mesure, remplir le rôle de base d'action française, de foyer de rayonnement, de Métropole-Seconde qui lui est dévolu en Extrême-Orient, aussi bien par sa situation géographique que par la force même des choses.

D'ailleurs, si la majeure partie du programme à réaliser incombe au budget général, soit par voie d'emprunt, soit sur ses ressources propres, une autre revient aux budgets locaux, notamment en matière d'assistance médicale et d'enseignement primaire. Il y aura, certes, lieu de fixer progressivement dans quelle mesure chacun de ces instruments financiers doit intervenir dans l'effort à accomplir, effort qui devra, en tous cas, rester toujours exactement proportionné aux moyens dont dispose chacun d'eux.

Ceci m'amène, Messieurs, à préciser quels sont, dans mon esprit, les rapports qui doivent exister entre le Gouverneur général et les pouvoirs locaux, entre le gudget général et les budgets locaux.

Si le Gouvernement général est à l'égard du Département et doit rester un organe de décentralisation, il n'est pas à l'égard des pays de l'Union et ne doit pas devenir un organe de centralisation, comme pourraient le faire croire et ont pu le faire craindre, certaines tendances qui se sont plus ou moins activement manifestées, à diverses reprises, notamment au cours de ces dernières années. L'autonomie administrative et financière de ces pays est un des principes fondamentaux de la Charte de 1911. Ce principe correspond d'ailleurs à la réalité des choses. Les pays qui constituent l'Union indochinoise forment des unités distinctes et sont habités par des populations différentes. Chez aucune d'elles l'évolution ethnique, la formation historique, le développement économique n'ont été semblables. Ce serait un contre-sens politique que de prétendre leur imposer des règles administratives identiques. Le rôle du Gouvernement général est d'assurer à chacune d'elles un développement normal, tout en maintenant l'harmonie nécessaire entre elles et, pour cela, de laisser aux Gouverneurs et aux Résidents supérieurs la plus large initiative et la plus grande liberté d'action. Le Gouvernement général doit donner à ceux-ci le sentiment qu'il est un guide toujours bon à consulter, un appui toujours prêt à donner son assistance, qu'il n'est jamais une entrave à l'action, ni une charge à supporter. Le Gouvernement général est un organe de haute direction et de contrôle dont la direction doit toujours rester haute, le contrôle ne jamais devenir méticuleux. Par ailleurs, le budget général est l'instrument financier du syndicat des pays nouveaux et, en cette qualité, le gage des porteurs de titres des emprunts de l'Indochine. Son devoir primordial est donc, non seulement d'assurer intégralement, et dans des conditions parfaites, le service des emprunts, mais de donner, par la solidité de ses finances, toute sécurité à ses prêteurs. Il lui faut ensuite

pourvoir aux besoins des services généraux. Mais il doit le faire
avec la plus sage économie et éviter avec soin que ceux-ci ne
prennent une extension excessive et ne correspondant pas au rôle
utile qu'ils doivent remplir. Le surplus que le budget général pré-
lève sur les ressources du Groupe, doit faire retour aux pays de
l'Union dans la plus large mesure. Mais cela peut être moins sous
la forme de subventions qui démoralisent celui qui donne comme
celui qui reçoit, que sous la forme de contributions aux grands
travaux nécessaires au développement de chacun d'eux. Les pays
de l'Union doivent, en effet, en principe, pourvoir à leur administration par leurs ressources propres et le concours du budget général ne leur est légitimement dû que pour des travaux d'intérêt
général ou des dépenses qui dépassent leurs capacités financières.

Ce sont, Messieurs, ces principes qui ont présidé à l'institution
du Gouvernement général et dont l'esprit se retrouve dans chacune
des dispositions de la Charte de 1911. Si j'ai tenu à les rappeler
avec tant de précision, c'est que j'entends toujours m'inspirer d'eux
dans mon administration et que ce sont eux qui, sous ma direction,
régleront, en toute circonstance, les rapports du Gouvernement
général et des pouvoirs locaux.

Je n'ignore pas qu'actuellement les budgets locaux traversent
une crise à laquelle il faut porter remède. La cause foncière en est
que leurs recettes, alimentées par des contributions directes, n'ont
pu se développer dans la même mesure que s'aggravaient leurs
charges au cours des dernières années. Ils ont, en effet, eu à supporter le poids lourd du relèvement des soldes. Sous l'impulsion
du Gouvernement général, ils ont poursuivi en matière d'assistance
médicale, d'enseignement et de construction de routes, une politique active et parfois quelque peu disproportionnée avec leurs
ressources propres.

Il convient, toutefois, de ne pas perdre de vue que le Gouvernement général ne les a pas, dans cet effort, abandonné à leurs
seuls moyens. C'est ainsi qu'en 1924, comme il l'a fait en 1923, le
budget général sert aux budgets locaux un ensemble de subventions
qui s'élèvent au chiffre global de 8.225.000 piastres et qu'il a
inscrit, à ses propres dépenses, 1.400.000 piastres de crédit pour
des œuvres, à proprement parler, de pur intérêt local.

Si l'on considère que les recettes ordinaires du budget général
s'élèvent à 63 millions de piastres, qu'il sert à la Métropole une
contribution militaire de plus de 9 millions de piastres, qu'il alloue

aux colonies, à des titres divers, près de 9 millions de piastres, on constatera que les 2/7 de ces ressources, soit 28 p. 100, en sont tout d'abord distraits avant que le budget général ait pu pourvoir au service des emprunts et au fonctionnement de ses administrations propres et aux besoins généraux du pays. C'est dans le cadre de ces considérations, d'apparence contradictoire, qu'il convient de rechercher et qu'il importe de trouver : une formule qui donne plus de souplesse aux budgets locaux, sans compromettre l'équilibre ni réduire le volume du budget général, qui constitue, ne l'oublions pas, le principal facteur du crédit de l'Indochine. Le problème a déjà retenu mon attention. J'envisage différentes solutions dont je me propose d'entretenir, pendant leur séjour ici, Messieurs les Gouverneurs et Résidents supérieurs et j'espère réussir, dans quelques mois, à mettre d'accord et en harmonie tous les intérêts en cause.

L'ordre ainsi rétabli dans les finances, chaque administration locale connaissant exactement les ressources dont elle dispose, la progression normale de ces ressources, l'impulsion qu'elle peut donner à celle-ci, les concours qu'elle peut escompter du budget général, des programmes méthodiques pourront être dressés qui assureront le développement normal du pays.

D'autre part, le Gouvernement général, fixé sur ce qu'il doit distraire chaque année de ses propres ressources pour le service de la Métropole et des pays de l'Union, pourra établir un plan d'action d'ensemble et un programme raisonné de grands travaux publics. Il pourra, en outre, étudier en toute liberté d'esprit et arrêter les voies et moyens d'ordre financier destinés à y pourvoir. Il n'est pas douteux qu'il y réussisse en faisant état de la progression normale de ses recettes, en réalisant certaines économies nécessaires et en procédant peut-être à un meilleur aménagement de certains impôts.

Je suis même certain que dans cette œuvre de meilleure organisation administrative et financière, l'Indochine trouvera la faculté de remplir, dans l'avenir, sans aggravation sensible de charges pour le contribuable, la fonction qui lui revient de suppléer la Métropole dans les œuvres nationales à poursuivre en Extrême-Orient et jusqu'aux confins du Pacifique et de se préparer ainsi au grand rôle de Métropole-Seconde en Asie que semble lui avoir réservé le Destin.

MESSIEURS,

L'accomplissement du programme, dont je viens de vous marquer les principaux chefs, réclame un effort soutenu et un long labeur. Je sais que le concours d'aucun de vous ne me fera défaut pour m'aider à mener à bien la lourde tâche qui m'a été confiée par le Gouvernement de la République. Je connais votre dévouement à cet attachant pays, je connais le haut sentiment que vous avez de vos devoirs. Ce sentiment doit être maintenant plus élevé que jamais dans tous les cœurs français. Les Français qui ont su gagner la guerre, restituer à la France son intégrité territoriale, lui donner la première place parmi les grandes puissances, ne doivent pas faillir au devoir de la faire partout plus respectée et plus aimée, plus forte et plus glorieuse. Les Français d'outre-mer qui, au lendemain de la défaite de 1870, ont su doter notre Mère-Patrie d'un magnifique Empire colonial, doivent, sans timidité ni hésitation, pourvoir à l'organisation de ce Domaine, conscients du grand avenir qui lui est réservé et de l'honneur qu'ils retireront de l'avoir fait par eux-mêmes. Dites-vous bien que les peuples ni les générations ne permettent pas qu'on s'arrête dans l'œuvre de progrès. Ils exigent au contraire qu'on aille toujours de l'avant, quelles que soient les difficultés de l'heure, quels que soient les obstacles de la route. Ils ne gardent leur gratitude qu'à ceux qui savent agir et oser, qui savent les conduire d'un pas diligent vers des progrès nouveaux et des réalisations fécondes. Cette politique a toujours été celle de la France. C'est celle qu'impliquent ses grandes destinées. C'est celle que comportent les ressources, en hommes et en argent, les richesses sans nombre de l'Indochine. Aussi, est-ce plein de confiance dans l'avenir de la France, dans celui de l'Indochine, qu'en ouvrant votre session, je forme le souhait traditionnel de « Vive la France, Vive l'Indochine ».

DISCOURS

PRONONCÉ PAR

M. LAPALUD

Gouverneur de l'île de la Réunion

A LA SÉANCE D'OUVERTURE

DE LA

DEUXIÈME SESSION ORDINAIRE DU CONSEIL GÉNÉRAL

29 OCTOBRE 1923

Discours de M. LAPALUD

Messieurs les Conseillers généraux,

Au début de cette séance d'ouverture de votre session ordinaire de 1923, la première que j'ai l'honneur de présider, je vous demanderai la permission de renouveler et de préciser un peu les déclarations que j'ai faites dès le lendemain de mon arrivée, à l'issue des réceptions officielles. Cela ne me paraît pas inutile, puisque certaines personnes se sont inquiétées de savoir quel programme j'avais l'intention d'exécuter, quelle attitude j'observerais à l'égard des différents partis politiques et que leurs inquiétudes, répandues dans le public, se sont traduites déjà par quelques articles de journaux.

Je souhaite donc que mes paroles, franchissant les limites de cette salle, aillent partout dans la colonie renseigner et rassurer en même temps, si possible, ceux que cela intéresse et qui pourraient avoir des doutes sur mes intentions.

Je suis venu ici, Messieurs, uniquement pour faire de l'administration et, si vous le voulez bien, avec votre concours, de la bonne administration.

Lorsqu'en décembre 1922, M. le Ministre m'a appelé au Gouvernement de la Réunion, il n'a pas cru devoir me faire tenir des instructions spéciales. Il ne lui a pas semblé, apparemment, que la colonie fût dans une situation propre à exiger des mesures spéciales et il a pensé que le Gouverneur qu'il y envoyait n'aurait pas à y remplir une mission différente de celle imposée par notre constitution à tous ses collègues placés ailleurs à la tête de notre Empire colonial.

Quelle sera mon attitude ? ... Mais simplement celle d'un administrateur qui souhaite vivement entretenir avec tous les relations les plus courtoises, qui s'efforcera de maintenir l'union et la concorde entre les divers éléments de la population — car aucun progrès ne peut se faire dans l'anarchie et le désorde — et qui ne sera guidé dans ses rapports avec les uns et les autres que par un sincère désir de justice et le souci constant de l'intérêt général du pays. Gouverner, a-t-on dit, c'est prévoir, c'est-à-dire envisager et résoudre tous les problèmes qui se rapportent au développement et à l'avenir du pays; mais gouverner c'est aussi arbitrer, et pour arbitrer justement il est nécessaire de se tenir en dehors des luttes de partis.

Le programme que je voudrais réaliser est également très simple : je n'ai pas l'intention de bouleverser quoi que ce soit ; mais simplement réparer, redresser les rouages cassés ou faussés, les changer quand il le faudra, afin de mettre la machine entière en bon état de fonctionnement et de l'y maintenir ; m'attacher ensuite à faire exécuter, au fur et à mesure de nos ressources, les travaux que réclame la colonie.

Pour cela, il me suffira de suivre les indications que j'ai trouvées éparses dans les procès verbaux de vos précédentes séances et celles qu'on laissées mes prédécesseurs, M. le Gouverneur Estèbe qui aimait beaucoup ce pays et à qui je vous demande d'envoyer aujourd'hui notre salut amical et notre meilleur souvenir, M. l'Administrateur en chef Cléret que je suis heureux de remercier et de féliciter publiquement pour l'activité et le tact dont il a fait preuve au cours de son intérim.

Je sais, Messieurs, que dans l'accomplissement de la tâche qui m'incombe, je puis entièrement compter sur vous. Vous me l'avez promis et j'ai constaté déjà moi-même quelle conscience, quelle compétence et quel zèle éclairé vous apportiez dans l'examen de toutes les questions qui vous étaient soumises. Je vous en remercie, Messieurs.

De mon côté, sans vous promettre d'accomplir ici des merveilles, je puis vous donner l'assurance que j'agirai de façon à laisser dans votre esprit, le jour où le destin m'appellera ailleurs, non pas le souvenir d'un fonctionnaire qui aura fait correctement mais sèchement son devoir, mais celui d'un homme qui se sera efforcé de travailler avec vous tous, en union intime et en toute confiance, pour le plus grand bien de votre admirable pays.

*
* *

La situation financière de la colonie est bonne dans son ensemble.

Je me suis livré sur nos comptes administratifs à une petite étude que j'ai fait remonter à l'année 1917 et j'ai constaté que, depuis cette époque, les recettes avaient suivi une marche ascendante et continue et nous avaient réservé, par rapport aux prévisions, de notables plus-values. Un saut brusque se remarque en 1920 au moment de l'élévation du prix de toutes denrées ; mais la progression reprend aussitôt après et se poursuit, de façon à peu près régulière, jusqu'à 1923.

En faisant abstraction de toute recette extraordinaire et de tout prélèvement sur la caisse de réserve, à l'aide duquel il est toujours facile de rétablir l'équilibre d'un compte déficitaire, en ne considérant que nos ressources propres, c'est-à-dire celles provenant des impôts, taxes et produits divers, les seules qui peuvent donner véritablement la physionnemie exacte d'un budget, chaque exercice enregistre :

Années.		Francs.		Francs.
1917 pour une prévision de		5.380.680,	une recette de	6.586.525
1918	—	5.750.630	—	7.002.477
1919	—	6.260.780	—	9.116.134
1920	—	9.837.480	—	14.070.109
1921	—	12.517.070	—	13.716.057
1922	—	12.169.150	—	13.870.702

Les dépenses ont naturellement suivi la même marche ascendante mais, comme elles se sont toujours maintenues au-dessous des recettes réalisées, chaque compte, une fois recettes et dépenses balancées, s'est soldé en définitive par un excédent important qui a été versé à la caisse de réserve. Cet excédent a été de :

Années.	fr. c.
1917	938.617 37
1918	2.498.853 66
1919	310.024 70
1920	1.587.354 62
1921	1.650.783 57
1922	155.984 16

Notre caisse de réserve devrait donc se trouver dans une situation particulièrement florissante et, en fait, elle a possédé en septembre 1922, après le versement de l'excédent de cet exercice, un avoir de 4.446.019 fr. 84 ; malheureusement nous avons subi depuis de lourdes pertes ; d'abord celle résultant de la dépréciation de nos valeurs de portefeuille qui s'est élevée à 197.612 francs ; puis celle, plus importante, provenant du déficit sur les opérations du ravitaillement qui a atteint 1.500.000 francs. De plus, nous avons dû faire quelques prélèvements destinés à l'exécution de travaux urgents comme la T.S.F., le pont de l'Entre-Deux, ou l'acquittement de nos dettes envers l'État, comme la part contributive de la colonie dans les dépenses du chemin de fer.

Bref, à l'heure actuelle, notre caisse ne possède plus qu'une somme de 1.826.392 francs dont 920.388 francs en rentes sur l'État et 906.004 francs seulement de fonds libres. Mais ces fonds libres doivent eux-mêmes être considérés comme en partie engagés déjà, car nous avons à faire face au remboursement en France des colis postaux disparus ou dérobés au service des postes et télégraphes, ce qui pourrait exiger, d'après les renseignements incomplets que nous avons, 400.000 francs environ et nous devons payer les chalands que nous avons commandés à Madagascar pour faciliter et activer les opérations sur rade dans le cas où notre port serait encore obstrué, soit environ 200.000 francs. Nous n'avons donc plus, comme réellement disponible, que 906.004 moins 600.000 égale 306.004 francs, somme inférieure de près de moitié à celle que les règlements nous mettent dans l'obligation de réserver dans nos coffres pour parer à un à-coup quelconque, insuffisance de recettes par exemple.

Malgré cela, Messieurs, je n'hésite pas à déclarer que la situation financière est bonne. D'abord nous avons pu aisément faire face, au moyen de nos propres fonds, aux accidents nombreux qui nous ont atteints et qui, nous l'espérons bien, ne se renouvelleront plus ; nos ressources n'ont fait que s'accroître depuis plusieurs années et l'exercice 1923 s'annonce comme devant nous réserver un excédent important. Nous pouvons donc, en toute quiétude, attendre la venue de l'année 1924.

Il ne faudrait pas cependant, Messieurs, en présence de ces constatations favorables, se laisser aller à un optimisme imprudent et se croire absolument assuré de l'avenir. Nous n'avons pas ou presque pas ici, comme il y en a dans d'autres colonies, de ces impôts directs, qui manquent peut-être un peu de souplesse, mais qui, fondés sur des rôles à peu près invariables ou sur les indications précises du cadastre, constituent une base certaine sur laquelle les budgets sont solidement assis. Madagascar, notre grande voisine, encaisse 44.000.000 d'impôts directs pour un budget de 72.000.000. Ici, Messieurs, pour plus de 15.000.000 de revenus nous avons 625.000 francs d'impôts directs. La presque totalité de nos ressources est constituée par les droits perçus par le service des douanes et les taxes de consommation. Or, dans tous les pays et d'une manière générale, le rendement des droits perçus ad valorem est essentiellement variable ; il est fonction à la fois du chiffre des importations ou exportations et de la valeur des produits imposés, toutes choses qui, dans la période troublée que nous traversons, peuvent, d'une année à l'autre, accuser de grosses différences.

	Francs.
En 1917, nous réalisons,	1.905.637
— 1918,	2.061.012
— 1919,	3.119.366
— 1920, nous sautons brusquement à	5.102.936
— 1921, nous retombons à	4.808.751
— 1922, à	3.379.388

Grâce à une nouvelle élévation de prix des articles que nous produisons, sucre, essence, vanille, nous sommes à peu près sûrs de dépasser largement cette année nos prévisions ; mais nous faisons là des recettes anormales et nous commettrions une grave imprudence si nous engagions pour plusieurs exercices des dépenses qui seraient uniquement basées sur ces accroissements.

Pour nos taxes de consommation, je ne crois pas que nous puissions compter sur de plus grosses plus-values dans l'avenir. Les droits sur les rhums ont atteint le maximum et la consommation est légèrement en baisse, ce dont nous devons nous féliciter au point de vue de la santé publique. Quant aux droits fixes qui frappent les autres produits, nous ne pouvons guère songer à les augmenter, car nous augmenterions du même coup le prix de la vie déjà assez élevé.

Donc, Messieurs, nos recettes stagneraient dans les exercices futurs ou même baisseraient un peu qu'il ne faudrait pas s'en étonner outre mesure. Mais comme nos dépenses ne peuvent guère varier que dans le sens de l'accroissement, nous dégagerons de tout ce que je viens de dire cette conclusion évidente, qu'il convient de pratiquer ici une politique financière prudente et sage, ne pas étourdiment compter sur l'avenir et s'attacher à réserver dans notre caisse un appoint suffisant pour faire face au déficit possible d'une mauvaise année.

Le projet de budget qui vous est soumis s'élève, non compris les opérations d'ordre et les recettes extraordinaires, à 15.642.875 francs. Il dépasse de 2.908.055 francs votre projet primitif de 1923 et il est encore en excédent de 1.404.768 francs sur le budget rectificatif du même exercice. Nous avons pu, non sans difficulté, l'équilibrer avec ses ressources propres sans recourir au prélèvement ordinaire sur la caisse de réserve, ce qui est heureux, puisque, ainsi que je vous l'ai dit plus haut, la presque totalité de nos fonds disponibles est engagée ailleurs.

Les recettes avaient d'abord été calculées très justement, presque mathématiquement, en tenant compte, ainsi que le veulent les règlements, de la moyenne triennale, avec addition ou soustraction de la moyenne de la progression ou de la régression ; mais la nécessité de faire face à certaines dépenses que nous ne pouvions ni ne devions rejeter, comme l'augmentation de la solde des instituteurs en suite de l'application de la loi Herriot, l'élévation de la solde des agents des postes et télégraphes, nous a conduit à augmenter quelques-unes de nos prévisions premières. Nous avons donc inscrit 1.010.000 francs de plus cette année sur les droits de douane et 560.000 francs de plus sur les autres impôts indirects. Je suis fermement convaincu que nos prévisions se réaliseront et j'ai même l'espoir que nous les dépasserons ; mais il serait imprudent de les exagérer encore.

Vous avez toutefois, Messieurs, un moyen bien simple de donner au budget une recette nouvelle d'au moins 200.000 francs. Il vous suffirait de décider que les correspondances postales, télégraphiques et téléphoniques coûteront à la Réunion ce qu'elles coûtent partout ailleurs, aussi bien en France que dans les autres colonies. Nous vivons, à ce point de vue, sous un régime d'exception que rien ne justifie. Je sais que, d'une manière générale, les assemblées locales et vous-mêmes êtes hostiles à toute création de taxe ou d'impôts nouveaux ; mais il convient de remarquer que le droit perçu pour le port d'une lettre ou l'envoi d'un télégramme n'est ni une taxe ni un impôt : c'est simplement la rémunération d'un service rendu. L'administration des postes nous coûte maintenant quatre fois plus qu'avant la guerre ; il est légitime que la colonie vise à augmenter, dans une certaine proportion, les ressources qui doivent faire face au fonctionnement de ce service.

*
* *

En examinant les dépenses, la remarque qui s'impose d'abord est que nos frais de personnel sont très élevés. Ils atteignent la somme respectable de 8.372.113 francs répartie entre les chapitres 2,4,6, 8,11 et 13. Ils représentent 54 p. 100 du budget. Et cependant, Messieurs, nos fonctionnaires ne sont pas plus favorablement traités ici qu'ailleurs, bien au contraire ; nous ne leur allouons pas cette indemnité de zone qui est attribuée partout, et leur solde moyenne pour l'ensemble ne ressort pas à plus de 6.200 francs l'an. Si leur entretien nous coûte si cher c'est que nous en avons beaucoup ; l'enseignement primaire en compte, à lui seul, plus de 300, le service des postes et télégraphes, qui vient après, en a plus de 250. Par contre, d'autres services sont moins bien pourvus, notamment celui des travaux publics. Un remaniement qui répartira mieux, tout en diminuant le nombre, s'impose évidemment ; mais nous ne pourrons le faire que lentement, en procédent par voie d'extinction, car nous nous trouvons souvent en présence de droits acquis.

Les dépenses de matériel s'élèvent à 7.192.447 francs et représentent 46 p. 100 environ du budget. Sur cette somme :

2.493.000 francs vont au service des travaux publics ;

737.700 francs au service des postes et télégraphes pour entretien ou réfection des lignes, aménagement de bureaux, transport des courriers ;

823.451 francs à nos œuvres d'assistance publique et médicale ;

1.083.400 francs au matériel de l'Instruction publique, aménagement d'écoles, entretien des élèves, etc... ;

367.183 francs vont au matériel des services de l'Administration générale, c'est-à-dire à l'entretien de tous les bureaux, aux fourni-

tures de papier et d'imprimés, à l'entretien du service pénitentiaire
(vivres des détenus, habillement), à la gendarmerie (nourriture des
chevaux, loyer des casernes), à la police, etc, etc...;

141.635 francs sont affectés au matériel des Services financiers,
c'est-à-dire la Trésorerie, les Contributions directes et indirectes,
la Douane, les Domaines, Service topographique;

101.000 francs au Service de l'agriculture.

Vous remarquerez, Messieurs, que la répartition de ces dépenses
a été faite de manière à doter le plus possible les services qui concourent au développement économique du pays, comme les travaux publics, les postes et télégraphes, l'agriculture, puis ceux qui
s'occupent des œuvres d'assistance, hôpitaux, hospices et instruction publique.

J'avais d'abord, pour les travaux publics, prévu au matériel
une somme beaucoup plus forte : j'ai dû la réduire quand j'ai vu
que nous n'arrivions pas à équilibrer le budget; mais je me
réserve de vous demander des crédits supplémentaires au budget
rectificatif de 1924 si, comme nous l'espérons, l'exercice actuel se
règle bien. Car je crois, en effet, Messieurs, qu'il est nécessaire de
faire de ce côté un gros effort. Je n'ai pas encore eu le temps de
circuler beaucoup dans la colonie, mais, d'après le peu que j'ai vu,
d'après ce que m'ont dit les uns et les autres, j'ai l'impression
qu'une remise en état générale s'impose. Les routes ont besoin de
sérieux rechargements, les ponts doivent être repiqués, repeints,
les bâtiments publics, l'hôpital, la maternité, l'inspection, le gouvernement lui-même exigent de grosses réparations. C'est faire un
mauvais calcul que de laisser les choses se détériorer; il faut
entretenir si l'on ne veut pas avoir à remplacer au prix de lourds
sacrifices.

Aux travaux d'entretien absolument nécessaires vont encore
s'ajouter des travaux neufs, comme la route de Cilaos, dont je vous
parlerai plus en détail tout à l'heure. Le programme est donc
passablement chargé. Malheureusement le personnel est insuffisant
en nombre. Pour un ensemble de travaux qui atteindra vraisemblablement 3 millions l'an prochain, nous avons exactement
249.000 francs de personnel. Ce n'est pas beaucoup, c'est même
trop peu. J'ai entendu formuler contre nos agents de direction pas
mal de critiques; il est juste de reconnaître qu'ils travaillent à
effectif réduit. Il faudra, de toute évidence, que nous engagions

quelques recrues, mais elles ne sont pas faciles à trouver. Les demandes nombreuses adressées à M. le Ministre pour avoir au moins un conducteur sont restées jusqu'à présent sans résultat. J'espère que Madagascar, une fois de plus, voudra bien nous venir en aide.

*
* *

Dans l'étude de notre budget, Messieurs, il est également intéressant de rechercher comment nos fonds se distribuent entre ses grandes divisions, de manière à nous rendre compte exactement des sommes absorbées par chacun de nos services publics. A ce point de vue, l'enseignement vient en tête de ligne; il nous coûte fort cher, 3.252.090 francs, plus de 20 p. 100 du budget. Dans cette somme, plus de 2 millions vont à l'enseignement primaire. C'est beaucoup, et je me demande si les résultats obtenus correspondent bien aux sacrifices consentis. Comme dans l'Inde, d'où je viens, il m'apparaît que nous avons créé ici une élite instruite, une aristocratie intellectuelle, pourrais-je dire; mais la grosse masse du peuple reste ignorante, le pourcentage des illettrés est énorme, et même pour les enfants qui sortent de l'école pourvus du certificat d'études, le niveau est bien bas. Une réforme s'impose. Il faut que, dans les communes, les maires s'emploient à faire assurer la fréquentation des écoles; il faut que l'Inspecteur primaire qui vient de nous arriver et sur lequel nous comptons, s'occupe attentivement du fonctionnement de tous nos établissements scolaires; il faut enfin que l'on surveille de près la façon dont se passent les examens du certificat d'études.

En outre, Messieurs, je pense qu'il serait utile de songer à l'enseignement professionnel qui n'existe pas, et je crois que je suis sur ce point en communion d'idées avec beaucoup de personnes. Il y a peu de jours, en effet, je réfléchissais aux moyens d'organiser des cours pratiques, lorsque j'ai reçu une pétition, signée de tous les membres du Conseil d'administration du Patronage laïque, qui me demandait instamment de rouvrir à l'école primaire centrale la section d'apprentissage manuel qui a existé jadis. Je me suis fait alors présenter le dossier et j'ai constaté que vous-mêmes vous étiez occupés de la question, que des projets avaient été élaborés et s'étaient ensevelis dans les cartons poudreux d'un bureau.

Après lecture de ce dossier, mon impression a été que si ces projets n'avaient pas abouti, c'est probablement que l'on avait voulu faire trop beau du premier coup. Le mieux est très souvent l'ennemi du bien. On avait prévu un directeur technique qui toucherait de 10 à 12.000 francs l'an, des chefs d'atelier de 6 à 9.000 francs. On organiserait un cours scientifique et technologique, l'école ne serait ouverte qu'à ceux qui auraient réussi au concours d'entrée et le programme comprendrait aux mathématiques des problèmes du cours primaire supérieur, de la géométrie. Mais, Messieurs, ce n'est plus là une école d'apprentissage !... c'est presque une école supérieure d'arts et métiers !... Les élèves qui seront capables d'affronter ce concours ne consentiront jamais ensuite à faire de modestes ouvriers. Or, que veut-on exactement ? On veut, si j'ai bien compris la pétition qui m'est adressée, simplement de bons ouvriers. « Les jeunes gens qui sortent des écoles primaires, dit cette pétition, apprennent un métier par routine, et l'on voit journellement de mauvais manœuvres s'embaucher comme ouvriers au grand dam de ceux qui paient leurs services ». Donc, Messieurs, nous devons, je crois, voir la question avec moins d'ampleur que l'an dernier. Nous créerions tout bonnement deux sections, une du fer et une du bois, à la tête desquelles nous mettrions deux contremaîtres qui donneraient l'enseignement manuel à tous les élèves de l'école primaire qui désireraient le suivre. Un certain roulement serait à prévoir qui, par exemple, enverrait le matin à l'atelier un certain nombre d'élèves, pendant que les autres suivraient les cours de leur classe ; ces derniers iraient à leur tour à l'atelier le soir.

Si ces propositions vous agréent, Messieurs, je vous serais obligé de donner pouvoir à votre Commission coloniale avec laquelle nous examinerons le projet qui sera définitivement élaboré après entente avec le Chef du Service de l'Enseignement, et qui voterait le crédit nécessaire, que j'estime, à première vue, ne pas devoir dépasser une trentaine de mille francs. Rien ne vous empêchera ensuite de perfectionner notre organisation si elle donne de bons résultats.

Puisque nous nous occupons de l'Enseignement, je crois aussi qu'il serait bon de créer, à la Réunion, ou plus exactement de recréer, puisqu'elle a déjà existé, une école de droit. Nous dépensons chaque année plus de 50.000 francs en bourses de droit en

France et nous ne donnons satisfaction qu'à un nombre restreint de jeunes gens. Avec une somme moindre, nous permettrions à tous ceux qui le désireraient de préparer ici, dans de bonnes conditions, leur licence. Je ne vois pas, d'ailleurs, pour quelle raison nous n'aurions pas, comme dans l'Inde et à la Martinique, notre école de droit. Si le niveau des études primaires me paraît assez bas, par contre, celui des études secondaires est plus élevé qu'ailleurs. Nous avons un excellent lycée qui mène, dans de bonnes conditions, au baccalauréat, et nous possédons un corps judiciaire aussi bien composé que partout ailleurs, où il nous serait facile de recruter les professeurs nécessaires. Si vous êtes de cet avis, Messieurs, je vous demanderai d'émettre un vœu à ce sujet, et d'habiliter encore une fois votre Commission coloniale pour le vote d'un crédit d'une trentaine de mille francs. De mon côté, m'appuyant sur votre délibération, j'enverrai à M. le Ministre un projet de décret.

Après l'Enseignement, le service qui est le plus copieusement doté est naturellement celui des Travaux publics, 2.742.197 francs, soit 17,27 p. 100 du budget. Ici, rien à dire, il serait même à souhaiter que nous puissions augmenter encore le crédit affecté à nos travaux.

Les Services des exploitations industrielles, c'est-à-dire les postes et télégraphes, la T. S. F., l'agriculture, les eaux et forêts, le Service vétérinaire, absorbent 2.577.610 francs, soit les 16,24 p. 100 de l'ensemble de nos ressources. Notre Service des postes, télégraphes et téléphones avait besoin, vous le savez, comme nos vieux bâtiments, d'une sérieuse remise en état; nous sommes en train d'y procéder. Très intelligemment, avec une activité que je ne saurais trop louer, notre nouveau Chef de service, M. Manaranche, s'occupe à faire revivre dans son service les traditions de correction, de régularité, d'honnêteté qui sont à l'honneur de l'Administration française des postes et qui avaient été un peu perdues de vue. Nous vous proposons d'augmenter la solde de nos agents ; nous accorderons des avancements réguliers à ceux qui comprendront leurs devoirs et les rempliront convenablement; mais nous serons impitoyables pour les mauvais agents.

La T. S. F., vous le savez, vient d'être rattachée administrativement au Service des postes et télégraphes. Les travaux sont achevés et le matériel d'émission est arrivé. Mon premier câble

officiel sera pour remercier M. le Ministre d'avoir bien voulu doter
la colonie d'un poste qui assure d'une façon permanente nos communications extérieures.

Après les exploitations industrielles viennent, par ordre d'importance des crédits absorbés, les services d'Administration proprement dite, le Gouvernement, le Secrétariat général, la Justice,
la Police, les prisons, l'entretien des détenus, la Gendarmerie. Ils
exigent une somme de 2.538.320 francs, soit les 15,90 p. 100
de nos ressources totales. Eh bien, Messieurs, ce chiffre n'a rien
d'exagéré et l'on peut avancer que la Réunion est administrée à
bon compte. Dans beaucoup d'autres colonies, à Madagascar, par
exemple, ces mêmes dépenses d'Administration propre s'élèvent à
25 p. 100 au moins du budget.

Nos Services financiers, Trésor, contributions directes et indirectes, douanes, nous reviennent au total à 1.703.291 francs, soit
10,64 p. 100. C'est un chiffre raisonnable qu'il est impossible
de réduire.

Enfin, les frais occasionnés par nos Services d'assistance médicale absorbent 1.382.006 francs, soit 8,64 p. 100. Il ne faut
pas oublier qu'en plus de ces dépenses qui incombent au service
local, chaque commune a également l'entretien, sur son budget, de
ses hôpitaux, hospices ou maternités. Les œuvres d'assistance ne
sont donc pas négligées dans la colonie. Notre hôpital, toutefois,
demande à être repris en mains. Il fallait, pour cela, trouver un
directeur. La question est maintenant résolue. Nous avons eu la
chance de rencontrer, pour diriger cet établissement, un fonctionnaire retraité, ayant occupé une situation coloniale élevée et possédant des connaissances administratives solides, dont le service de
l'hôpital ne pourra que profiter, car toute son organisation, sa
réglementation, sa discipline, sont à remettre au point.

Le nouveau directeur ne faillira pas à la tâche qu'il a assumée
et, sous peu, nous pourrons, j'en suis persuadé apprécier les résultats obtenus.

Messieurs, j'en ai fini avec l'étude générale de notre budget.
Vous trouverez dans l'exposé des motifs les raisons des plus-values
ou moins-values de chacun des chapitres. Je le livre à vos médi-
tations, à vos suffrages, et je laisse à mon délégué le soin de vous
donner en séance toutes explications de détail qui vous seraient
nécessaires.

*
* *

Il est bon que je m'entretienne avec vous de quelques questions qui, à des degrés divers, intéressent la colonie. Je vous dirai sous quel angle je les vois, comment pour certaines nous avons, avec les chefs de service compétents, envisagé des solutions possibles et, à votre tour, vous me ferez connaître votre avis, afin de maintenir entre nous cette collaboration intime dont je parlais au début.

En premier lieu, Messieurs, je placerai la question du port de la Pointe-des-Galets. Il nous occupe beaucoup depuis quelque temps. Il fournit à tous nos journalistes matière à de nombreux articles ; mais il ne donne pas au commerce les satisfactions que l'on était en droit d'attendre de lui quand on a décidé sa création. Je ne sais s'il vous a rendu de grands services dans le passé ; mais véritablement, s'il a été souvent à la fois aussi encombrant et aussi encombré qu'il l'était ces temps derniers, je m'étonne que l'on ne se soit pas décidé plus tôt à le faire étudier par des techniciens compétents et à y faire exécuter, une fois pour toutes, les travaux nécessaires qui auraient mis fin à un état de choses de plus en plus inquiétant pour la colonie.

Nous sommes tous d'accord, je crois, pour reconnaître que notre port a été creusé en un point particulièrement mal choisi. D'ailleurs il est toujours imprudent d'ouvrir une brèche dans un rivage que la mer a fait rectiligne ; on ne sait jamais si la Nature, toute puissante, n'agira pas contre les hommes pour rétablir le profil qu'elle avait d'abord imposé. A Port-Bouet, en une nuit, le travail de plusieurs années était détruit, les jetées disparaissaient, le chenal d'entrée était comblé et le cordon littoral reprenait son dessin primitif. Dans d'autres endroits, à Libreville, à Sassandra, une simple jetée provoque un ensablement et en quelques années la forme première du rivage reparaît : l'abri que l'on avait voulu créer n'existe plus.

Ici, l'accès de notre port n'est maintenu qu'au prix de dragages incessants. C'est une lutte perpétuelle contre la mer, lutte qui nous coûte fort cher et dans laquelle nous ne triomphons pas toujours, témoin ce qui vient de se passer tout récemment à la suite de ces raz-de-marée successifs, qui ont bouché notre chenal d'entrée et culbuté deux blocs de la jetée sud.

Mais notre port a encore un autre grave défaut, c'est qu'il est de dimensions trop resteintes. Il a pu, peut-être, suffire jadis, à l'époque où les plus grands navires atteignaient à peine cent mètres, il est manifestement insuffisant maintenant. Nous nous sommes bien des fois moqués des Allemands qui, en tout et partout, visaient à faire du colossal. Je crains que nous n'ayons, nous, le défaut contraire ; en affaires, nous voyons souvent trop petit.

Cependant, malgré les défectuosités nombreuses de notre port, nous ne pouvons pas évidemment songer à aller en créer un autre en un point quelconque de la colonie. Il faut donc faire à celui que nous avons les travaux nécessaires et l'améliorer comme nous le pourrons.

Ces travaux, M. Coste, Directeur du chemin de fer et du port, les a énumérés dans un rapport qui me paraît très étudié et que j'ai adressé au Ministre en insistant pour qu'il soit immédiatement examiné et qu'une décision soit prise.

Il s'agit d'abord de donner à la passe sa largeur première, soit 5o mètres, puis de reconstruire la jetée sud en la prolongeant assez avant pour qu'elle guide les galets que les courants nous apportent dans des profondeurs qu'ils ne pourront plus remonter.

Mais la construction de cette jetée a fait l'objet, de la part de M. Coste, d'une étude particulière qui pourrait bien nous conduire à la solution définitive. En calculant la force produite aux plus fortes houles par le choc des lames sur la surface des blocs de béton, il a établi mathématiquement que cette force était impuissante à déplacer ces blocs qui ne pèsent pas moins de 96 tonnes et qui sont d'ailleurs reliés les uns aux autres par d'énormes chaînes. Cependant, elle les déplace. C'est donc qu'un autre élément agit que l'on a peut-être méconnu jusqu'à ce jour. Cet élément, M. Coste croit l'avoir trouvé. D'après lui, le fond de galets roulants sur lequel la jetée est élevée, constitue une plateforme en équilibre instable. Le bloc, qui y est posé délicatement par le titan, ne provoque aucun éboulement, mais qu'un choc latéral un peu fort se produise et les galets roulent les uns sur les autres, s'écroulent, entraînant le bloc. Comme solution, M. Coste propose ou bien de stabiliser au préalable le fond en y battant des pieux de distance en distance, en quinconce, ou bien encore d'y jeter les blocs de façon que tombant ou d'angle ou de coin, ils s'enfoncent dans la masse des galets et s'y creusent un logement solide ; la surface sera ensuite nivelée.

J'ai demandé au Ministre de vouloir bien faire examiner d'urgence ces propositions par des ingénieurs compétents et de passer, sans perdre de temps, à l'exécution du travail si elles sont admises.

Pour l'amélioration du port, le Directeur propose encore d'élargir de 3 mètres le chenal qui fait communiquer les deux bassins et, afin d'éviter le ressac dans l'arrière-port, d'intaller dans ce chenal des flotteurs brise-lames qui s'ouvriraient et se refermeraient à volonté.

Enfin, après accord avec les Messageries maritimes, on agrandirait l'arrière-port en creusant du seul côté où la chose est maintenant possible, puisqu'on a commis la faute d'aliéner tous les autres terrains autour de nos bassins.

Mais comme nous n'avons pas dans cette affaire pouvoir de décision, comme tous ces travaux regardent la Métropole, nous n'avons pu, naturellement, que nous adresser au Ministre, les lui signaler, pousser des cris d'alarme, nous efforcer de lui montrer la gravité de la situation. Sept cablogrammes ont été envoyés en deux mois ; le dernier, plus pressant que les autres, faisait remarquer que malgré les efforts de notre insuffisante drague, le chenal n'avait pu être remis à la largeur voulue dans les délais que nous escomptions, que le « Dumbéa » restait embouteillé et que si, par malechance, la drague se détraquait, nous risquions de voir notre port impraticable pour longtemps. Comme conclusion, il insistait encore sur la nécessité de presser l'envoi de la drague et de faire exécuter les travaux voulus.

Ce câble a provoqué de la part du Ministre une réponse où se devine une certaine impatience, que l'on comprend du reste quand on sait que le Chef du Département s'est heurté lui-même à de véritables impossibilités. Il a bien, en effet, dès le début de 1923, soumis au Ministre des Finances un projet de loi ouvrant les crédits nécessaires à l'achat d'une drague qui coûtera plusieurs millions ; mais, par suite du vote tardif du budget, ce projet n'a pu encore être examiné. Il le sera dès la rentrée des Chambres. Entre temps, le Ministre a fait rechercher activement, partout, en France et à l'Étranger, une drague en bon état. Un moment il a espéré en trouver une en Hollande ; mais à l'examen on a reconnu que la

machinerie était déjà vieille de dix ans et les tôles beaucoup trop
minces pour pouvoir tenter la traversée pleine d'aléas de l'Océan
Indien. De plus, le prix en était tellement élevé qu'il fallait recourir
à une demande de crédit supplémentaire, ce qui n'avançait pas la
solution. Le Ministre a pensé aussi à faire réparer sur place la
vieille drague, de façon à doubler celle actuelle, mais c'est encore
là une solution à longue échéance et sans résultat bien certain, car
le Directeur du port estime qu'il faudrait environ dix-huit mois de
travail et 8oo.ooo francs au moins pour remettre la coque en bon
état.

Donc, Messieurs, nous avons fait, sans résultat, je le reconnais,
tout ce qu'il était possible de faire. Il ne nous reste plus qu'à
attendre la drague que le Département va nous faire confectionner
et, en attendant, soigner notre vieille drague actuelle de façon à la
faire tenir si, possible, jusque-là. Il est simplement regrettable que
l'on ne se soit pas aperçu, il y a dix ans et plus, de l'importance
qu'avaient pour notre port ces engins, et qu'on ne les ait pas main-
tenus tous deux en bon état de fonctionnement en y faisant à tour
de rôle les réparations nécessaires.

Si je me suis étendu si longuement sur cette question, c'est
d'abord qu'elle est pour la colonie d'importance primordiale ; puis
aussi parce que je tenais à vous démontrer que ni le Directeur du
C.P.R. ni le Gouverneur n'étaient restés inactifs et indifférents en
face de déboires que notre port réserve en ce moment au commerce
local.

Après le port, Messieurs, je vous parlerai de la construction de
la route de Cilaos. Je sais toute l'importance que vous lui ac-
cordez et vous avez raison. La colonie a des sites merveilleux,
uniques au monde, disent ceux qui connaissent pourtant nos
paysages grandioses des Vosges, des Alpes ou des Pyrénées. Au
fond de ses gorges jaillissent des sources thermales dont la valeur
thérapeutique a déjà été reconnue et sera consacrée, nous l'espérons
bien, par les travaux de M. le Professeur MOUREU. Il faut, le plus
tôt possible, faciliter l'accès de ces stations thermales aux étrangers
comme aux gens du pays. Quand nous aurons construit des routes

convenables, aménagé des hôtels et amélioré nos relations avec
l'île Maurice par des règlements sanitaires plus souples, des mesures plus faciles à observer, nous pourrons voir reprendre ce
mouvement touristique qui, m'a-t-on dit, s'était ébauché jadis.

Mon désir serait donc d'entreprendre, dans le plus bref délai,
la route de Cilaos. Vous savez que des opinions divergentes se sont
produites sur le tracé qui devrait être adopté ; les deux principales
sont celles qui se rapportent au passage par Saint-Pierre et la Plaine
des Cafres et l'autre par Saint-Louis, les Aloès et le Pavillon. Eh
bien, Messieurs, j'estime que dans une question de cette nature
il ne faut pas faire de la politique de clocher ; il faut s'élever au-
dessus des petits intérêts locaux et ne considérer que l'intérêt
supérieur de toute la colonie. C'est avec l'intention bien arrêtée de
n'éprouver qu'à cette unique pierre de touche : intérêt supérieur
de la colonie, les opinions qui se sont fait jour, que j'ai prié
M. l'Ingénieur principal Coste, Conseiller technique, d'étudier les
tracés et de me fournir un rapport.

De ce travail il résulte que c'est incontestablement de Saint-Louis
qu'il faut partir en continuant les 6 kilomètres de route qui
existent déjà et en adoptant de nouveaux points de passage que
M. Iberland a proposés et que M. Coste, qui est allé avec lui sur
les lieux, a reconnus favorables. Aussitôt passés les Aloès, on tra-
verserait la rivière sur un pont de 40 mètres et on se développerait
aisément le long de la rive gauche pour aller rejoindre le sentier
actuel au-dessus du 10ᵉ kilomètre, en repassant la rivière par un
pont de 50 mètres. Sauf un passage de 200 mètres, le tracé ne
comporterait aucune difficulté spéciale, tandis que l'élargissement
du sentier actuel coûterait très cher en raison du passage, pendant
3 kilomètres, dans du roc qui s'éboule. On commencerait donc
dès à présent et on poursuivrait les travaux jusqu'au 28 février sur
l'exercice 1923 au moyen des fonds que vous avez déjà votés. En
1924 on construirait les deux ponts, on empierrerait la partie faite et
on pousserait les terrassement et empierrement jusqu'au kilomètre 14.
En 1925 on terminerait jusqu'au Pavillon, qui est au kilomètre 18
où l'on installerait un abri pour les autos. Arrivés là nous aurions déjà réalisé un grand progrès, puisque les porteurs n'auraient plus que 13 kilomètres à faire pour se rendre à Cilaos.
D'ailleurs, ce dernier tronçon, qui présente plus de difficultés,

s'étudierait tout à loisir, en vue de sa mise en œuvre, dès que nos ressources le permettraient. La route nous reviendrait à 1.200.000 francs environ à répartir sur trois exercices.

Au-dessus du Pavillon, le tronçon restant peut être évalué approximativement à 6 millions, soit pour l'ensemble 7.200.000 francs.

Par Saint-Pierre, le tracé aurait l'inconvénient énorme d'aller chercher un point de passage à 2.600 mètres pour redescendre ensuite à 1.100. Il se détacherait en effet de la route au 23° kilomètre de la Plaine des Cafres et se dirigerait vers le piton de la Tortue et le coteau Maigre, passerait vers la ligne de séparation du bassin de la rivière Saint-Étienne et des Salazes et monterait à la caverne Dufour à 2.600 mètres d'altitude, pour redescendre ensuite sur Cilaos qui n'est qu'à 1.120 mètres. Comme la distance entre ces deux côtes n'est que de 5 à 6 kilomètres, la route, pour conserver une pente moyenne de 8°, devrait se développer en lacets, — ce qui présente de grosses difficultés — de 20 à 25 kilomètres.

La longueur totale de la route depuis le 23° kilomètre serait d'au moins 63 kilomètres, son coût devrait être évalué de 25 à 30 millions environ.

Je pense, Messieurs, qu'aucune hésitation n'est possible, c'est bien le tracé Saint-Louis — les Aloès - le Pavillon qu'il convient d'adopter.

Celui de l'Entre-Deux, dont on a parlé, présente également plus de difficultés.

J'ai fait inscrire cette année au budget un crédit de 300.000 francs. Nous le compléterons au budget rectificatif par un crédit supplémentaire qui sera calculé d'après nos ressources disponibles et aussi d'après ce qui aura été engagé du crédit primitif.

Pour l'exécution de ces travaux, j'ai prié M. le Gouverneur général BRUNET, dont vous connaissez l'inépuisable complaisance, de vouloir bien me céder un bon conducteur ou même un bon commis compétent en construction de route et de me faire recruter cent travailleurs. Dès l'arrivée de l'agent demandé, nous relèverons le profil qui a déjà été établi, nous ferons le piquetage et nous donnerons le premier coup de pioche qui marquera l'ouverture de la nouvelle route.

*
* *

Une autre question, qui a déjà été traitée dans plusieurs discours d'ouverture des sessions du Conseil général, est celle du crédit agricole.

Les propositions faites au Département pour la création d'une caisse de crédit colonial, dans les conditions que vous connaissez, n'ont pas abouti et nous nous retrouvons maintenant dans la même situation qu'auparavant, c'est-à-dire dans l'impossibilité, pour de multiples raisons et malgré les fonds disponibles, d'organiser une caisse sous le régime du crédit mutuel.

D'autre part, un nouveau courant d'opinion semble s'être fait jour dans le public : j'en ai eu les échos, pour la première fois, lors de la réunion du Syndicat des planteurs à laquelle j'assistais. Là, sur ma demande précise, un des membres du Syndicat a expliqué que la question du crédit agricole n'avait pour la colonie qu'une importance relative ; que la banque de la Réunion, par prêts sur récoltes pendantes ou autrement, donnait aux propriétaires toutes facilités. Quant aux petits planteurs, ils avaient depuis longtemps pris l'habitude de s'adresser à l'usinier voisin qui, sans frais, leur consent les avances dont ils ont besoin. La création des caisses de crédit serait donc inutile et si les caisses qui ont existé jadis n'ont pas réussi, c'est qu'elles ne répondaient à aucun besoin

Par contre, tous les planteurs seraient d'accord pour reconnaître l'utilité urgente de l'installation ici d'une station expérimentale qui étudierait les maladies des végétaux, de la canne notamment, et indiquerait les moyens de les combattre.

Comme conclusion, les planteurs demanderaient qu'une partie de la somme que la banque doit affecter à la constitution du crédit agricole soit employée à l'installation d'une station expérimentale.

Vous savez que le Conseil d'État a approuvé votre délibération qui vote en faveur de la station une augmentation du droit perçu au profit de la Chambre d'agriculture. Il y aura là vraisemblablement de quoi la faire fonctionner. Il s'agit de savoir si vous êtes d'avis, également, de proposer au Département d'apporter à la loi la modification qui permettrait d'affecter à cet établissement agricole une partie de la somme prévue pour la création du crédit

Gouv.

Vous voudrez donc bien, Messieurs, vous prononcer sur le point de savoir s'il y a lieu de suivre les suggestions de certains membres du Syndiquat des planteurs ou s'il convient, au contraire, de continuer à traiter la question dans le sens de la création du crédit. Dans le premier cas, je me mettrai immédiatement en instance auprès du Département, dans le second, je vous demanderai de nommer dans votre sein une commission qui étudierait la façon pratique de mettre en œuvre ici l'institution du crédit agricole.

*
* *

J'ai terminé, Messieurs, et je m'excuse d'avoir si longtemps retenu votre attention.

Si les idées que je viens de développer cadrent avec les vôtres, je m'en réjouirai. Dans le cas contraire, je n'en éprouverai ni humeur, ni rancune. Je désire vivement faire ici œuvre utile ; mais, arrivé d'hier, je n'ai pas la prétention d'en remontrer, aux hommes avertis que vous êtes, de tout ce qui touche aux intérêts de ce pays.

Je sais quel amour profond vous avez pour votre petite Patrie et je suis convaincu que vous saurez employer les pouvoirs étendus que vous accorde la loi de façon à aider à son développement économique et à son progrès moral.

C'est avec cet espoir que j'ouvre votre session ordinaire de 1923.

Certain cette fois d'interpréter vos sentiments unanimes, j'envoie notre salut filial à la France, notre Grande Patrie lointaine, et je fais des vœux pour la prospérité de l'île de la Réunion.

DISCOURS

PRONONCÉ PAR

M L. GERBINIS

Gouverneur des Établissements français dans l'Inde

Λ

LA SÉANCE D'OUVERTURE

DE LA

SESSION ORDINAIRE DU CONSEIL GÉNÉRAL

———

24 NOVEMBRE 1923

———

Discours de M. L. GERBINIS

Messieurs les Conseillers généraux,

Lorsque j'ai ouvert votre session ordinaire de 1921 rien ne faisait prévoir que notre collaboration serait interrompue. Dans le courant de l'année dernière, je suis, en effet, rentré en France et c'est mon successeur intérimaire qui vous a fait les propositions budgétaires pour 1923 ; c'est lui qui les a exécutées jusqu'au mois de juillet dernier, époque de mon retour.

A peine ai-je besoin de vous dire le plaisir que j'éprouve à reprendre nos travaux communs, mais, avant de vous entretenir des questions budgétaires, laissez-moi souhaiter la bienvenue à M. le Sénateur Henri Gaebelé. Spontanément vous avez tenu à ce qu'il fût présent parmi vous pendant la présente session. Je ne puis que me féliciter de cet heureux retour qui témoigne de votre désir de rester, comme par le passé, dans la saine appréciation des nécessités compatibles avec nos ressources.

*
* *

En 1919 la caisse de réserve possédait 345.472 roupies ; en 1922 son avoir s'élevait à 607.476 roupies. Son encaisse actuelle, y compris 28.216 roupies provenant des excédents de recettes de l'exercice 1922, est de 537.785 roupies se décomposant comme suit :

```
Fonds libres........................  271.041 Rs.  808
   —     spéciaux....................   52.662  —   894
Rentes sur l'État...................  214.080  —   389
```

La différence, soit 69.691, a été employée à des travaux d'intérêt public dans les dépendances de Chandernagor et Karikal.

Je dois — pour être exact — vous signaler que les fonds en rentes sur l'État figurent pour leur valeur initiale d'achat et

non leur valeur réelle laquelle se trouve sensiblement réduite
du fait des fluctuations du change.

Notre réserve est légèrement au-dessus du chiffre de
200.000 roupies imposé par les règlements en vigueur. Il faut
qu'il en soit ainsi car la caisse de réserve, en tant que régula-
teur du budget, est destinée à faire face aux besoins de chaque
exercice jusqu'à la rentrée normale des impôts. Des accidents,
sècheresse ou inondation, pourraient d'ailleurs placer la colonie
dans une situation difficile si notre trésorerie n'était alimentée
que par les ressources ordinaires du budget. Ainsi, cette année,
mon prédécesseur intérimaire a prescrit d'apporter des tempé-
raments à la perception de l'impôt foncier dans la région de
Karikal dont les récoltes avaient été endommagées. Aussi bien
si l'intégralité des crédits votés à votre dernière session, pour
travaux extraordinaires, avait été prélevée, nul doute que notre
trésorerie s'en fût trouvée gênée. Sans doute l'argent ne doit
pas «sommeiller» dans les coffres et son emploi comme volant
au début de l'exercice constitue le travail auquel il est destiné.
Le surplus seulement doit être employé à des besoins mûre-
ment étudiés et dans l'ordre d'urgence que les événements leur
donnent. C'est d'ailleurs le principe qui vous a permis, depuis
1919, de prélever pour des dépenses extraordinaires 982.000 roupies
à la caisse de réserve sans compter vos souscriptions à des
emprunts nationaux.

L'exercice 1922 s'est clôturé normalement. Les recouvrements s'élèvent à.................... 2.877.534 Rs.   562
et les dépenses payées à............ 2.849.315 Rs.   555

d'où un excédent de recettes de...... 28.216 Rs.   007
versé à la caisse de réserve. Les restes à recouvrer de l'exercice
atteignent 141.487 Rs. 198 et les restes à payer 7.143 Rs. 490.

Le budget de 1923, actuellement en cours, se poursuit dans
des conditions ordinaires. Les recettes accusent 2.171.815 roupies
et les dépenses, arrêtées au 31 octobre 1923, sont de 2.131.556 roupies. Les varges de Mahé, aliénées au commencement de cette
année, ont atteint 58.000 roupies, confirmant la valeur bien
connue des terrains sur la côte malabar.

Mais la situation budgétaire de la colonie n'est pas le résultat du travail d'une année. Elle découle du programme qu'en une collaboration commune nous avons poursuivi. Il suffit, en effet, de considérer les impôts votés durant les quatre dernières années pour apprécier votre volonté de doter la colonie des ressources indispensables à son développement.

L'impôt foncier de Karikal, qui était de 84.000 roupies en 1919, est passé à 160.000 roupies en 1922. Celui des patentes s'est élevé de 27.000 à 65.000 roupies. Vous avez institué des timbres-quittances, relevé les droits de timbres, créé des droits d'instance judiciaire et des droits de sortie sur les produits du cru de la colonie, réformé le mode de licence pour la vente du callou et réalisé de ce fait une augmentation de plus de 60.000 roupies de recettes.

D'autre part la prospérité d'un pays peut s'apprécier notamment d'après l'importance des contributions directes (impôt foncier, patentes, etc.) des contributions indirectes (navigation, consommation, enregistrement) et du produit des exploitations industrielles.

Or un examen d'ensemble des cinq derniers exercices écoulés permet de se rendre compte de la progression régulière qui s'est établie dans ces principaux revenus de la colonie.

Les budgets, durant cette période, se sont toujours alignés en progression ascendante :

	Roupies.
En 1918 à	1.963.500
— 1919 à	2.018.300
— 1920 à	2.266.420
— 1921 à	2.457.850
— 1922 à	2.630.170

Les recettes des diverses contributions et exploitations industrielles ont le plus contribué à ce résultat satisfaisant.

En effet les impôts perçus sur rôles passent successivement :

Années.	Roupies.
En 1918 de	316.000
— 1919 à	317.300
— 1920 à	322.800
— 1921 à	333.200
— 1922 à	445.000

grâce à la revision des terres dans l'Établissement de Pondichéry, à l'achèvement du cadastre à Karikal et à la réglementation nouvelle du régime des patentes.

Les contributions perçues sur liquidation ont également suivi une marche ascendante :

Années.	Roupies.
En 1918	1.132.200
— 1919	1.163.900
— 1920	1.234.700
— 1921	1.300.100
— 1922	1.431.000

Dans ce chapitre figurent les droits sur les spiritueux indigènes qui de 539.091 roupies en 1919 ont atteint 590.880 en 1922. Cette recette, la plus importante de notre budget, mérite une attention particulière parce qu'elle résume le programme commun du Conseil général et de l'Administration sur la réduction de la consommation des spiritueux. Par une progression lente mais continue des tarifs, nous sommes arrivés à des résultats qui sauvegardent à la fois la santé publique et les intérêts du Trésor. A titre d'exemple, je signalerai que la consommation de l'arrack dans nos deux établissements principaux (Pondichéry et Karikal) qui était de 188.000 veltes en 1908 et de 90.523 veltes en 1919 est tombée à 52.625 veltes pour l'année dernière, tandis que le prix de vente au consommateur passait de 6 à 20 caches le drahme. Ces chiffres témoignent assez de l'efficacité de la méthode.

A Chandernagor, où une population ouvrière nombreuse vient des usines voisines pour boire notre arrak, nous avons également enrayé les progrès de la consommation. Si les résultats sont moins positifs qu'au chef-lieu, cela tient à la clientèle flottante qui fréquente les débits de boissons de notre Établissement du Bengale. Le dernier relèvement des droits a eu cependant un résultat appréciable puisque la consommation à Chandernagor, qui était de 25.393 veltes en 1919 ,est passée à 20.626 en 1922.

Les produits des exploitations industrielles qui étaient de 37.500 roupies en 1918 ont atteint, avec des ralentissements successifs, 58.000 roupies en 1922, défalcation faite du prix de revient des spiritueux, transféré du chapitre VII au chapitre III du budget à partir de 1922.

Cette revision rapide des recettes permet d'avoir confiance dans l'avenir si l'on considère surtout que nos finances n'ont pas été influencées outre mesure par la suppression, en 1918, de la subvention métropolitaine de 138.000 roupies.

Les revenus actuels de la colonie témoignent de sa prospérité et de la bonne volonté de la population à acquitter ses charges. Mais nous ne devons pas oublier que les contribuables doivent profiter en grande partie des sacrifices que nous leur demandons sous forme d'impôts. Et c'est dans cet ordre d'idées que, d'accord avec l'Administration, vous avez voté des crédits, toujours en augmentant d'année en année, pour les travaux publics. C'est ainsi que le plan de campagne est passé de 201.370 roupies en 1919 à 336.235 roupies en 1923.

Vous vous rappelez, Messieurs, qu'à votre session ordinaire de 1921 nous avions pris la résolution d'affecter l'intégralité des droits de sortie sur les produits du cru de la colonie à des travaux nettement déterminés. Les nécessités budgétaires ne l'ont pas permis. J'ai cependant le ferme espoir que la réalisation des travaux entrevus n'est que momentanément ajournée, certains des vœux passés à votre dernière session étant susceptibles de relever le budget des recettes.

Dans les dépenses, nous avons comprimé les frais de personnel au minimum indispensable, pourvu à toutes les améliorations de solde, et tandis que le service des eaux figurait, à 3.000 roupies près, pour le même chiffre, soit 57.000 roupies de 1919 à 1922, la recette correspondante passait de 25.000 à 51.000 roupies.

Messieurs, le souci que vous apportez aux affaires publiques et qui m'a grandement aidé à obtenir les résultats ci-dessus, vous continuerez, je n'en doute pas, à l'étendre aux budgets à venir.

Le projet de budget de l'exercice 1924, que je vous soumets aujourd'hui accompagné d'un exposé des motifs spécial, est arrêté à 2.852.810 roupies. Ce total, comparé à celui du budget de 1923, fait ressortir un en moins de 9.660 roupies, mais ce n'est là qu'une réduction apparente.

En effet, si l'on déduit pour les deux exercices les prélèvements à la caisse de réserve, qui constituent des dépenses extraordinaires, les prévisions de 1924 s'élèvent à 2.699.810 pour 2.649.470 en 1923, d'où une augmentation de 50.340 en faveur de 1924 expliquée par des relèvements sur les principales contributions.

Parmi les recettes, j'appellerai particulièrement votre attention sur les droits de vente et de consommation des spiritueux, du callou et des denrées narcotiques. Nous appliquons, en ce qui les concerne, un programme nettement défini ; il nous faut l'accentuer encore si nous ne voulons pas être pris au dépourvu à la suite des travaux de la conférence de Genève.

Je ne reviendrai pas sur ce que je vous ai dit en 1921 à propos des droits de mutation par décès. Le projet de délibération les concernant a été distribué à cette époque en fascicule imprimé. Je le fais déposer à nouveau sur votre bureau en vous priant de l'examiner et de le solutionner. Une succession ouverte, encore récemment, et dont une partie est appelée à passer la frontière, me fait un devoir d'attirer votre attention sur cette importante question.

Dans un précédent discours, je vous avais exposé, il est vrai, l'utilité de créer des budgets autonomes pour nos établissements industriels mais il m'a semblé, après étude de la question, que cette mesure — qui ne pourrait être prise que par voie de décret — serait quelque peu disproportionnée à l'importance actuelle du service des eaux et de la distillerie. Cependant comme il importe de parer aux difficultés qu'entraînerait pour nos finances le renouvellement d'appareils très coûteux, j'inscris, à compter de cette année, un crédit de 11.000 roupies. Cette somme, comprise dans le prix de revient des spiritueux, sera employée à payer le gros matériel dont l'achat s'imposerait en cours d'exercice. Nous examinerons la possibilité d'étendre cette mesure au service des eaux.

*
* *

Je ne veux pas terminer, Messieurs, sans vous parler des modifications importantes que la Métropole a opérées ces dernières années dans le domaine de l'enseignement et dont il y a lieu de tenir compte dans la colonie.

Certaines de ces modifications, visant l'enseignement primaire élémentaire ou supérieur, ont été déjà en partie appliquées dans l'Inde : telles sont celles qui ont remanié les programmes de l'enseignement primaire élémentaire, les examens du B. E. et, tout récemment, ceux du C.E.P.E.

D'autres, plus importantes, peut-être, à certains égards, s'imposeront à bref délai. Une dépêche du Département annonce, en effet, comme très probable, pour 1924, l'application aux colonies de la réforme de l'enseignement secondaire telle que l'ont opérée le décret du 3 mai et l'arrêté ministériel du 3 août 1923.

Ces diverses mesures, et tout spécialement celles qui ont scindé en deux parties l'examen du certificat d'études primaires élémentaires ou remanié le programme de l'enseignement secondaire auront leur répercussion sur l'enseignement, tant primaire que secondaire, qui est distribué dans la colonie.

La subdivision du certificat d'études primaires élémentaires en deux examens distincts et l'obligation de faire porter le second de ces examens sur le programme du cours supérieur des écoles primaires élémentaires entraînera nécessairement la création de quelques-uns de ces cours supérieurs dans les écoles de la ville de Pondichéry et des Dépendances. Le supplément des dépenses qu'entraîneront ces créations, d'ailleurs peu nombreuses, sera peu élevé. Il mérite toutefois d'être noté.

D'autre part la mise en application au Collège colonial de la réforme de l'enseignement secondaire enlèvera toute possibilité de préparer dans cet établissement, avec le concours du personnel métropolitain, comme cela avait lieu jusqu'ici, les examens du brevet élémentaire et du brevet supérieur. Il deviendra, par suite, nécessaire d'organiser, en dehors du collège, un cours préparatoire à ces examens.

Au lendemain des décret et arrêté du 18 août 1920, l'Administration s'était déjà préoccupée de cette question et l'éventualité d'une réorganisation de l'enseignement primaire supérieur, avec le concours d'un personnel à faire venir de France, avait été envisagée. Mais il ne faut pas se dissimuler qu'une telle organisation serait très dispendieuse. Dès cette époque, c'est-à-dire antérieurement aux relèvements de solde qui ont été opérés depuis, elle eût dépassé déjà 30.000 roupies; et c'était un minimum.

La réforme de l'enseignement secondaire, en libérant d'un certain nombre d'heures de travail une partie du personnel enseignant affecté au Collège, pourra permettre, semble-t-il, la réalisation de la mesure en question dans des conditions bien moins dispendieuses: un certain nombre de maîtres locaux, pris dans l'élite du Corps enseignant et pourvus de diplômes suffisants, pourraient être chargés de la préparation au brevet élémentaire qui se ferait ainsi normalement et d'une façon satisfaisante. L'embryon d'enseignement primaire supérieur qui existe au Collège Calvé se développerait peu à peu et dans trois ou qatre ans serait en plein rendement. Ceci ne vise d'ailleurs que la préparation des garçons au brevet élémentaire. Pour les jeunes filles, cette préparation se fait déjà régulièrement au Pensionnat.

Pour ce qui est de la préparation au brevet supérieur, c'est-à-dire de l'organisation d'un cours normal analogue à ceux de la Métropole, les difficultés paraissent plus grandes et peut-être ne pourra-t-on les résoudre qu'avec le concours de cette dernière.

Qoi qu'il en soit, ce sont là des questions dont se préoccupe l'Administration et que, de concert avec le Conseil colonial de l'Instruction publique, elle va mettre incessamment à l'étude.

Messieurs les Conseillers généraux, je déclare ouverte votre session ordinaire de l'année 1923.

Vive la France !

Vive la République !

Vive l'Inde française !

DISCOURS

PRONONCÉ PAR

M. H. RICHARD

Gouverneur de la Martinique

A L'OUVERTURE

DE LA

DEUXIÈME SESSION ORDINAIRE DU CONSEIL GÉNÉRAL

—————

16 OCTOBRE 1923

—————

Discours de M. H. RICHARD

Messieurs les Conseillers généraux,

Je comptais, suivant l'usage, ne nous réunir que dans les derniers jours du présent mois.

Cet usage, j'ai dû y renoncer et avancer la date d'ouverture de votre session d'automne, de façon à suivre les instructions du Département de la Guerre touchant les opérations du conseil de revision.

Ces instructions portent que toutes les opérations dont il s'agit doivent être terminées, en fait, au début de décembre.

Quand j'aurai dit que le conseil de revision est présidé par le Gouverneur ou le Secrétaire général et qu'il compte parmi ses membres, deux Conseillers généraux, il vous apparaîtra que, pour ces raisons mêmes, il ne peut fonctionner, sans des inconvénients qui ne vous échappent pas, en même temps que le Conseil général poursuit ses importants travaux.

Aussi bien, l'Administration — malgré son respect des précédents et son affection pour la tradition — s'est trouvée prête en temps voulu et je suis en mesure de vous présenter aujourd'hui un exposé complet de notre situation et un projet de budget parfaitement étudié.

Vous me permettrez, avant de clore ce préambule, de souhaiter la bienvenue à tous ceux d'entre vous qui, absents de la colonie, n'avaient pu assister à votre précédente session, ou qui depuis, cette session, ont été appelés à faire partie de votre haute Assemblée.

*
* *

Lorsque, peu de jours après mon arrivée à la Martinique, j'ai eu l'honneur de prendre un premier contact avec le Conseil général, le programme d'intérêt social et économique que je vous ai exposé, et qui n'était pas une nouveauté pour la plupart d'entre vous, a rencontré l'unanimité de vos suffrages.

Ce programme, nous ne pouvions — pour des raisons d'ordre budgétaire — en envisager l'exécution intégrale qu'avec le concours de plusieurs exercices. Nous n'en avons pas moins amorcé et poursuivi sa réalisation et je compte qu'en 1924, avec la collaboration du Conseil général, nous continuerons à aller résolument de l'avant dans la voie que nous avons choisie d'un commun accord. C'est la seule qui puisse conduire la Martinique à une prospérité à laquelle lui donnent droit la fertilité de son sol et l'activité de ses habitants. Et si de nouveaux sacrifices sont nécessaires, je sais que vous les consentirez, parce que vous avez conscience qu'ils seront profitables au pays tout entier.

Je crois inutile d'analyser, dans le détail, le budget qui vous est soumis. L'exposé des motifs qui le précède vous indiquera suffisamment et avec une clarté absolue l'esprit dans lequel il a été établi.

Je tiens, cependant, a bien marquer que nos prévisions de recettes s'inspirent de la plus grande prudence ; je pourrais dire de la plus stricte honnêteté. Quant aux dépenses, elles ont été limitées au minimum indispensable au bon fonctionnement des différents services et à l'exécution de notre programme commun.

Nos recettes normales étant évaluées à 22.160.000 francs et nos dépenses de personnel et de matériel — dépenses, par conséquent, incompressibles en l'état actuel — atteignant 21.400.000 francs, nous n'aurions pu prévoir, si nous avions été obligés de nous en tenir à nos ressources ordinaires, que 760.000 francs environ pour les œuvres d'intérêt social ou intéressant la mise en valeur et le développement de la colonie. Je n'ai pas besoin d'insister, Messieurs, sur l'insuffisance de cette somme. Nous sommes donc amenés à envisager et à vous proposer de compléter nos recettes normales par un prélèvement ordinaire de 1.336.000 francs sur la caisse de réserve.

Je ne vous dissimulerai pas, Messieurs, que ce prélèvement — s'il ne nous gêne en aucune façon à l'heure actuelle — n'est pas sans m'inspirer, pour l'avenir, des réflexions dont j'ai le devoir de vous faire part.

Un budget doit normalement s'équilibrer avec ses ressources normales, la caisse de réserve ne devant fournir un appoint que dans des circonstances tout à fait exceptionnelles.

Or les dépenses nécessitées strictement par le fonctionnement de nos services, tant en personnel qu'en matériel, atteignent et atteindront, pendant longtemps encore, le montant de nos recettes telles que nous sommes en droit de les percevoir. Si donc nous voulons poursuivre notre œuvre il est essentiel, soit de diminuer nos dépenses, soit d'augmenter nos ressources par des moyens nouveaux.

Pouvons-nous envisager une compression de nos dépenses en réduisant la solde des fonctionnaires précisément au moment où le coût de la vie est plus élevé que jamais ? Pouvons-nous d'autre part, mettre un frein aux plus belles œuvres dont nous puissions nous glorifier, savoir : les travaux d'intérêt général, l'assistance et l'instruction publiques.

Si donc la Martinique ne veut pas régresser ou même marquer un temps d'arrêt — ce qui n'est ni dans son caractère, ni dans le mien — il importe que nous préparions l'avenir et que nous demandions un effort supplémentaire à tous ceux qui peuvent raisonnablement le fournir.

*
* *

Avant de vous exposer mes vues touchant cette importante question, je crois utile de vous indiquer ce que l'Administration a fait cette année et ce qu'elle compte faire dans le courant de 1924. Vous pourrez ainsi vous rendre compte non seulement de l'effort accompli mais aussi de l'effort que nous avons l'intention d'accomplir ; non seulement de l'emploi que nous avons fait des crédits inscrits au budget de 1923 mais aussi de la nécessité de ceux que nous vous proposons d'inscrire au budget de 1924.

Vous pourrez également constater que, strictement attelé à ma tâche et ne me laissant influencer par aucune considération de quelque nature que ce soit, en dehors de celles d'ordre administratif, les exercices budgétaires ne représentent à mes yeux que les étapes successives d'un même labeur à accomplir.

En matière de travaux publics, vous avez pu voir, par vous mêmes, que la plus heureuse activité n'avait cessé de régner sur les différents chantiers de l'île ; qu'en particulier — et sans vouloir entrer dans des détails que vous connaissez parfaitement — la réfection de notre réseau routier, la construction ou l'achèvement de nombreux ponts avaient pu être effectués avec un zèle dont il convient de féliciter le service intéressé.

Dussé-je faire crier à l'exagération, j'ai la satisfaction de vous annoncer que le pont de la Falaise pourra être inauguré avant la fin de l'année.

En définitive, l'Administration a tenu, en matière de travaux, tous les engagements qu'elle avait pris.

J'entends bien que vous vous demandez ce qu'il est advenu de toute une série de travaux qui avaient été prévus — souvent à titre indicatif — au budget supplémentaire de l'exercice courant.

Je vous répondrai facilement, Messieurs, que tous les plans, que tous les devis concernant ces travaux ont été dressés par l'Administration et que, si celle-ci a dû en différer l'exécution, c'est uniquement pour des raisons indépendantes de sa volonté.

Depuis plus de deux mois, il lui a manqué la collaboration indispensable de la Commission coloniale, dont les membres, retenus par ailleurs, n'ont pas examiné les projets que nous pouvions leur soumettre.

J'ajoute que cette période de stagnation partielle n'a pas été pour atténuer la crise du chômage. Je suis donc convaincu, Messieurs, que vous aurez à cœur de nous mettre à même de regagner le temps perdu. Le pays tout entier, les travailleurs et l'Administration vous en seront reconnaissants.

*
* *

J'ai la satisfaction de vous annoncer — ce que certains de vous savent du reste, déjà, — que l'étude de travaux de caractère exceptionnel se poursuit dans les meilleures conditions. Je veux parler de ceux pour lesquels nous avions décidé de recourir à la collaboration d'un architecte de la Métropole. Ce dernier, sur ma demande, est venu à la Martinique. Les esquisses qu'il nous a soumises, concernant les bâtiments du Gouvernement à Fort-de-France, l'hôtel du Conseil général et la villa du Gouverneur ont reçu mon approbation ainsi que celle de votre Commission coloniale. Les projets définitifs, qui doivent servir de base à la mise en adjudication, nous parviendront incessamment, l'architecte s'étant engagé à les établir dans un délai exceptionnellement court.

Ils vous seront soumis et, s'ils reçoivent votre agrément définitif, cette partie de notre programme continuera à être exécutée régulièrement, normalement, jusqu'à son complet achèvement. En cette

matière aussi, je vous demanderai une prompte décision de manière
que, grâce aux travaux qui peuvent et doivent être entrepris, ceux
qui souffrent du chômage et réclament justement du travail n'attendent pas davantage.

Ces travaux, et d'autres encore qui ne rentrent pas dans la
catégorie des travaux ordinaires, occasionneront des dépenses que
nous devrons — comme il est ici normal — assurer au moyen d'un
prélèvement extraordinaire de 1.800.000 francs sur la caisse de
réserve.

J'ajoute — et ce pour rassurer ceux qui en concevraient quelques inquiétudes touchant la délicate question de la main-d'œuvre
agricole — que l'exécution de notre programme sera assurée dans
des conditions de temps telles que le travail de la terre, qui fournit
à la colonie la majeure partie de ses ressources, n'en sera nullement
affecté. Bien employée, convenablement rétribuée, l'importante
main-d'œuvre dont nous disposons se trouvera raisonnablement
répartie au mieux de tous les intérêts en présence.

Je me trouve amené à vous parler de la question dite des grands
travaux, c'est-à-dire de ceux ayant trait à l'installation de voies
ferrées, ainsi que de centrales électriques actionnées par la force
hydraulique ; également à l'aménagement de certains ports.

A la fin de l'année dernière, le Conseil général habilitait l'Administration à passer, avec une société métropolitaine, une convention ayant trait à l'étude des travaux que je viens de rappeler. Cette
convention fut signée, le 22 décembre 1922, par les deux parties
contractantes.

Mais, au mois de juin dernier, la société n'ayant pas rempli
une des clauses formelles du contrat, j'ai cru nécessaire de poursuivre la revision de la convention dont il s'agit. La Commission
coloniale, après un nouvel examen, reconnut avec moi que
certaines clauses de cet acte n'étaient pas, en effet, sans présenter
un caractère d'ambiguïté qui pouvait constituer un danger pour
la Martinique.

Nous décidâmes donc, d'un commun accord, d'obtenir des
conditions nouvelles. J'ajoute que mes desiderata — basés non
seulement sur les intérêts supérieurs de la colonie, mais aussi sur
la stricte observation des règlements financiers — tendaient à une
solution différente de celle envisagée par la Commission coloniale.

En même temps que, par l'intermédiaire du Département,
nous faisions part de notre point de vue à la société, celle-ci

nous offrait de composer avec la colonie sur des bases qui, sans correspondre à celles préconisées par la Commission coloniale ni, surtout, à celles que je préconisais moi-même, peuvent utilement vous servir dans l'examen et le règlement définitif de cette importante question.

L'affaire en est là pour l'instant. Le dossier complet vous en sera communiqué. Vous l'étudierez, je le sais, en vous inspirant uniquement de votre connaissance profonde des besoins et des ressources de la colonie. Votre délibération sera capitale pour la Martinique.

L'Administration, vous le savez, est tout à fait partisan de tous les travaux véritablement indispensables au développement de la colonie. Ce n'est donc pas le principe même des travaux de cette nature qui a dicté les réserves que je viens de vous exposer, mais bien et uniquement les conditions et les possibilités de leur exécution éventuelle.

Des travaux d'utilité publique, je passe à l'agriculture. Elle est la seule richesse de ce pays. Aussi n'avons-nous rien négligé our aider à son développement.

Suivant le programme que nous avions tracé ensemble, j'ai fait demander au Jardin colonial de Nogent ainsi qu'à différents pays d'Amérique — le Mexique et le Vénézuéla notamment — des plans de sisal, convaincu que la culture en grand de cette plante textile était susceptible d'aider à la prospérité du Sud de l'île dont la situation est l'objet de mes préoccupations constantes.

Nos tentatives dans cet ordre d'idée seront poursuivies en 1924.

Pareillement, en même temps que l'Administration veille à empêcher le déboisement par les mesures que vous connaissez, j'ai pensé que nous compléterions utilement notre œuvre en accordant des primes, échelonnées, à la replantation.

Enfin la question de l'irrigation du Sud a retenu toute mon attention. Je me suis préoccupé de faire venir à la Martinique un spécialiste des questions d'hydraulique. Ces spécialistes, vous le savez, ne sont pas nombreux. En attendant, j'ai chargé un fonctionnaire du Service des ponts et chaussées, qualifié pour ce faire par ses travaux antérieurs, d'étudier la possibilité d'établir des barrages dans certaines vallées.

*
* *

Récemment organisé suivant les vues du Conseil général et de l'Administration, confié à un ancien haut fonctionnaire, dont chacun connaît la compétence, le dévouement et le tact, le Service de l'assistance publique marche d'une manière satisfaisante malgré les difficultés qu'il rencontre — et que rencontre toujours tout organe de centralisation et de direction dans la période des débuts.

Il met actuellement au point le fonctionnement des services médicaux. A l'expérience, nous constaterons, sans doute, Messieurs, la nécessité de certaines améliorations, de certaines mesures appropriées au pays.

Soyez, en tous cas, assurés que les sacrifices que vous avez déjà consentis, notamment en faveur des victimes de la sécheresse et contre l'alastrim, et ceux que je vous demande encore de consentir, et qui iront fatalement en augmentant d'annnée en année, n'auront pas été vains.

Les malades indigents auront été soignés ; il sera venu en aide aux nécessiteux, et la Martinique pourra continuer à se glorifier d'une solidarité sociale incomparable.

Pour en terminer avec l'Assistance publique, je recommande à votre sollicitude la situation des malheureux pensionnaires de l'asile des vieillards et de l'immigration à Fort-de-France.

Les bâtiments qui ont la prétention de les abriter tombent en ruines et ne sont pas réparables. Le matériel de couchage est dans un état lamentable. Enfin l'alimentation laisse à désirer. Déjà, au moyen des faibles crédits dont je diposais, j'ai pu porter un léger remède à cette situation. Il faut faire plus, il faut faire tout notre devoir. Je vous y convie, certain que je n'aurai pas fait un vain appel à votre cœur.

*
* *

L'instruction publique va nous coûter près de six millions. Quatorze classes viennent d'être créées, entraînant une dépense annuelle d'une centaine de mille francs. Est-il beaucoup de pays au monde qui fournissent semblable effort, qui s'attachent, autant

que nous, à permettre à l'enfant pauvre de s'égaler — quand il
ne les dépasse pas — à ses camarades favorisés par la fortune?

Eh bien ! Messieurs, cet effort, je ne crains pas de le dire, est
encore insuffisant. Il y a encore trop d'enfants à la Martinique
qui ne peuvent pas ou ne peuvent plus fréquenter l'école, parce
que l'école est trop étroite pour les recevoir.

Cette situation, pour les raisons que vous savez. ne peut aller
qu'en s'aggravant. Dès à présent elle est sérieuse. Mais nos
charges sont telles que l'Administration, arrivée à des limites
qu'elle ne peut dépasser, ne croit pas pouvoir aller au delà, tant
que le Conseil général, par des mesures fiscales appropriées aux
circonstances, ne lui aura pas donné les moyens de le faire.

*
* *

Pareille déclaration s'applique également au petit personnel
des différents services. Vous savez, Messieurs, combien il est
intéressant et méritant. Ses revendications sont modestes et
légitimes. Mais, au total, elle atteignent une somme dont nous
ne disposerions, actuellement, que très difficilement.

Aussitôt que nous le pourrons il faudra songer à améliorer la
situation de ces agents.

*
* *

Lors de la session de novembre 1922, l'Administration et le
Conseil général avaient déjà recherché le moyen d'assurer à la
colonie les ressources supplémentaires dont le besoin se faisait
sentir.

C'est ainsi qu'il avait été question d'établir à la Martinique
un impôt sur le revenu, un impôt sur la propriété non bâtie,
une taxe sur le chiffre d'affaires.

Des projets, remarquablement étudiés, ont été soumis au
Conseil général qui leur a accordé ses suffrages. Mais ils n'ont
pas reçu, jusqu'à présent, la sanction de l'autorité supérieure.
Devions-nous revenir à ce qui a été différé, devions-nous, au contraire, chercher ailleurs la solution d'un problème déjà ancien ?
C'est là une question que, depuis mon arrivée à la Martinique, je
me suis posée, et que j'ai minutieusement examinée en m'entourant

de l'avis de tous ceux qui ont une compétence indiscutable en cette délicate matière.

De tous les impôts, celui qui atteint le revenu est le plus équitable. C'est, cependant, celui dont le principe a été le plus discuté et dont l'application a suscité le plus de difficultés. Vous en connaissez les raisons.

J'ajoute qu'il n'est pas d'un rendement satisfaisant immédiat et que les frais qu'occasionnent son assiette et sa perception sont hors de proportions, durant les premières années qui suivent son établissement, avec son produit. Cela serait surtout vrai pour la Martinique.

Nous nous trouverions amenés à créer un service nouveau, à nommer de nouveaux fonctionnaires et à augmenter ainsi nos dépenses sans profit immédiat, car, seuls, au début tout au moins, ceux dont le revenu est aisément, automatiquement contrôlable, seraient atteints. Est-ce là le but que nous recherchons ? Quant à ceux susceptibles de fournir à notre budget des ressources appréciables, l'évaluation de leurs revenus donnerait lieu à un contrôle auquel ils ne manqueraientpas de reprocher qu'il n'est pas strictement d'ordre fiscal. Des contestations s'élèveraient que nous devons éviter à tout prix.

Pour des raisons sensiblement analogues je crois que nous agirons sagement en ne retenant pas non plus la taxe sur le chiffre d'affaires.

Quant à l'impôt sur la propriété non bâtie, infiniment juste lorsqu'il entend frapper les jardins ou les propriétés d'agrément ainsi que les terres réellement productives, quels mécomptes ne nous procurerait-il pas dans des années de sécheresse comme celles que nous venons de traverser.

J'estime donc, Messieurs, qu'il y a lieu de recourir à des taxes d'une perception facile et dont le rendement serait net de tous frais, puisque leur application n'entraînerait pas la création de nouveaux services.

Dans cet ordre d'idées, je vous propose une taxe de fabrication sur le rhum et le sucre, ainsi qu'une taxe sur les produits importés dans la colonie.

La taxe de fabrication sur le rhum, fixée au taux minime de 9 francs l'hectolitre d'alcool, nous rapporterait plus d'un million, en nous basant sur une production ordinaire. Elle serait perçue par le Service des contributions.

La taxe de fabrication sur le sucre, fixée à 5 francs les 100 kilos, nous rapporterait environ 1.250.000 francs, en se basant sur une production de 25.000 tonnes.

Mais si vous jugez utile, non seulement d'éviter un nouveau contrôle dans l'intérieur des usines, mais surtout la taxation du sucre destiné à la consommation locale, l'Administration ne verra, bien au contraire, aucun inconvénient à ce que, renonçant à la taxe dont il s'agit, vous augmentiez de 5 francs le quintal, les droits de sortie dont le sucre est actuellement atteint.

*

* *

Enfin la taxe sur les marchandises importées dans la colonie et destinées à la consommation locale, fixée à 2 p. 100 de la valeur desdites marchandises, nous rapporterait environ un million.

En seraient exonérées les denrées alimentaires de première nécessité pour la population, savoir : le riz, l'huile de coton, la farine et la morue. Je tiens à le bien spécifier.

Je vous signale que cette taxe vient d'être instituée à la Réunion, par un récent décret en Conseil d'État.

Dans mon esprit elle est destinée à remplacer, à l'égard de certains, l'impôt sur le revenu et, à l'égard des maisons de commerce, la taxe sur le chiffre d'affaires. N'oublions pas, Messieurs, que partout où elle existe la taxe sur le chiffre d'affaires est, en réalité, supportée par le consommateur. Le coût de la vie augmente pour tous, sans exception. Avec le système que je vous propose, nous échapperions à cette conséquence pour la partie la plus pauvre de la population, grâce aux exonérations que j'envisage, et dont vous pouvez augmenter la nomenclature si elle vous paraît trop mince.

Les taxes dont je vous demande de voter le principe sont donc d'une indiscutable équité sociale.

Leur extrême simplicité d'application leur vaudra, j'en suis convaincu, un rapide agrément de la part des pouvoirs métropolitains ; et j'estime que, dès l'an prochain, la Martinique pourrait ainsi être dotée des possibilités financières, seules susceptibles de lui procurer le magnifique avenir auquel elle aspire.

*
* *

Je devrais, Messieurs, ne pas allonger davantage un discours déjà long ; mais, vous le savez, les gouverneurs n'ont que deux fois l'an la possibilité de faire part de leur sentiment, touchant la chose publique, aux élus de la colonie ainsi qu'à la colonie tout entière.

Vous ne m'en voudrez donc pas, après un silence de six mois, d'user largement de ce privilège.

Lorsque j'ai eu l'honneur d'être placé à la tête du Gouvernement de la Martinique, j'étais persuadé que je n'aurais à procéder qu'à un nombre tout à fait restreint d'élections jusqu'à celles de 1924. Je me félicitais de disposer ainsi d'une bonne douzaine de mois pour mener à bien, dans le calme, la tâche qui m'était confiée.

Or, depuis mon arrivée, c'est-à-dire en moins d'un semestre, dix élections ont eu lieu, qui ont appelé les électeurs à voter vingt fois dans seize communes différentes.

J'ai ainsi établi, bien malgré moi, un record que je ne souhaite à personne de dépasser ni même d'égaler. Je n'en tire aucune vanité : simplement cette constatation que si la bataille électorale, engagée depuis plusieurs semaines, n'a pas dégénéré parfois en bataille tout court, c'est que chacun sait que les autorités appelées à maintenir l'ordre dans ce pays, accomplissent leur devoir avec la plus stricte impartialité et sans faiblesse aucune.

Les luttes électorales, je ne m'en occupe que pour assurer aux citoyens — dans toute la limite de mes moyens, mais dans cette limite seulement — le libre exercice de leurs droits.

C'est assez vous dire, Messieurs, combien je déplore, dans l'intérêt supérieur de la colonie, les dissentiments d'ordre politique qui la troublent si profondément et qui entretiennent chez elle, depuis de si longues années déjà, cette fièvre chronique qui se manifeste trop souvent par de si furieux accès.

Est-il admissible que ce pays, où tout respire la joie de vivre, où la nature a comblé de ses bienfaits, avec une étonnante prodigalité, la meilleure, la plus douce des populations, consacre une partie de son activité à des luttes dont la persistance démontre la stérilité ?

Est-il admissible qu'il se soit trouvé à la Martinique quelqu'un pour oser, en guise d'argument suprême, dans la paisible cité du Morne-Rouge, le geste que vous savez ?

Et est-il croyable que ce geste et ses conséquences aient pu provoquer certaines réflexions touchant leur réalité douloureuse.

Ceux qui doutaient, Messieurs, pouvaient aisément s'instruire. Ils n'avaient qu'à faire ce que j'ai fait moi-même : suivre, jusqu'au bout, un humble convoi et prodiguer leurs consolations à une pauvre femme qui pleurait le compagnon de sa vie.

*

* *

Alors, Messieurs, je vous demande de descendre au fond de vous-mêmes, de faire litière de toutes les questions personnelles qui peuvent vous diviser ; je vous demande, à vous qui dirigez l'opinion publique, de faire en sorte de la ramener au calme ; je vous demande d'examiner si le but que vous recherchez tous, et qui n'est autre que la prospérité de la Martinique, ne serait pas plus facilement atteint si vous consentiez à étudier ensemble les moyens propres à y parvenir.

Quel magnifique spectacle, et combien réconfortant, offrirait la réunion de toutes les intelligences de ce pays, groupées, sans distinction de partis, pour établir avec la collaboration de la Haute Administration, un programme d'intérêt social et économique répondant simplement aux besoins de la colonie.

Semblable entente, ceux qui l'auraient conclue pourraient disparaître, qu'importe ! Ils seraient assurés à jamais de la reconnaissance du Pays tout entier.

Messieurs les Conseillers généraux, je déclare ouverte votre session ordinaire de 1923.

Vive la France !

Vive la Martinique !

Vive la République !

DISCOURS

PRONONCÉ PAR

M. JOCELYN-ROBERT

Gouverneur p.i. de la Guadeloupe et Dépendances

A L'OUVERTURE

DE LA

DEUXIÈME SESSION ORDINAIRE DU CONSEIL GÉNÉRAL

———

30 OCTOBRE 1923

———

Discours de M. JOCELYN-ROBERT

Monsieur le Président,

Messieurs les Conseillers généraux,

Depuis votre dernière session, le Conseil général a eu la douleur de perdre un de ses membres, H. Emmanuel Daubé, enlevé si prématurément à l'affection de sa famille et de ses nombreux amis.

J'ai le devoir d'honorer d'un souvenir et d'un hommage la mémoire de ce patriote passionné et de cet homme de bien.

M. Emmanuel Daubé était un esprit large et libre.

Simple, bienveillant, serviable, il devenait silencieux et concentré dès qu'un doute ou une inquiétude l'assaillait. Le sentiment qu'il avait de son devoir ne laissait pas sa conscience en repos.

Sa probité égalait sa fierté.

Le temps, plus juste que les hommes, mettra à sa place véritable ce noble serviteur de la Guadeloupe, qu'il a comprise et qu'il a aimée ; il vivra dans le cœur de ses concitoyens.

Nous sommes assurés par le dévouement et la bonté qu'il avait témoignés au service de plusieurs œuvres de bienfaisance, que c'est de tout cœur qu'il s'était donné aux institutions sociales. Nous sommes unanimes à regretter que la collaboration qu'il nous apportait ait pris fin ; et nous saluons avec respect la mémoire de M. Emmanuel Daubé et adressons à sa famille ainsi qu'à la première Assemblée du Pays l'expression de nos sentiments de bien douloureuse sympathie.

*
* *

Il a été pourvu au siège laissé vacant, par ce décès, à l'élection cantonale du 14 octobre.

Je suis heureux de pouvoir adresser ici mes meilleurs compliments à votre nouveau collègue, M. Félix Scarmel, dont vous connaissez tous les sentiments républicains et le dévouement aux

intérêts de la colonie. Son élection est un nouveau succès pour la
cause démocratique. Elle confirme et accentue la signification de
la politique d'apaisement, d'union et de concorde républicaine que
je poursuis à la Guadeloupe depuis déjà plus de deux ans.

*
* *

Parmi les récentes pomotions dans l'Ordre national de la
Légion d'honneur, nous relevons, avec la plus grande satisfaction,
dans celles du Ministère des Colonies, l'attribution de la croix de
Chevalier à votre très estimé collègue M. Gaston BALLET, Maire
du Gosier, qui a réussi, par un effort intéressant et multiple, à
donner à cette commune une excellente impulsion.

Si l'on ajoute à cela l'efficacité de son infatigable action d'orga-
nisateur s'efforçant de gagner ses compatriotes aux institutions du
crédit agricole mutuel par de nombreuses manifestations de solidarité sociale, on admettra aisément que rarement haute distinction
fut aussi judicieusement accordée.

Qu'il veuille bien recevoir ici nos félicitations les plus
sympathiques.

*
* *

Je suis certain que le Conseil général de la Guadeloupe républicaine tiendra à manifester son entière approbation à la politique
de réalisation poursuivie envers l'Allemagne, débitrice déloyale,
et que dirige avec tant de clairvoyance et d'énergie M. Raymond
POINCARÉ.

Il m'est très agréable de constater que la République française,
après avoir gagné la guerre déchaînée par l'ambition d'un empereur, réalise progressivement l'idéal de justice auquel elle aspire.

Interprète des sentiments de la colonie, je me fais un devoir
d'assurer Monsieur le Président du Conseil de toute la sympathie
de la population guadeloupéenne étroitement serrée autour de lui
dans cette action nationale.

*
* *

La situation économique de la Guadeloupe s'améliore d'une
façon rassurante ; nous en trouvons la preuve dans le mouvement
commercial à l'importation et à l'exportation qui est satisfaisant

pour les neuf premiers mois de l'année en cours par suite des prix favorables qu'ont obtenus les produits de la colonie.

Les importations se chiffrent par 53.009.000 francs environ et les exportations par 92.039.869 francs, ensemble pour le commerce total 145 millions de francs en chiffres ronds. En 1922, le commerce total avait été de 123.397.624 francs pour les trois premiers trimestres ; les importations et les exportations s'étaient élevées respectivement à 45.886.749 francs et 77.510 875 francs. Le chiffre des affaires avec la Métropole passe de 30.625.68 francs à 36.169.000 fr. ; les achats à l'Étranger montent à 16.869.250 fr. contre 14.500.164 francs en 1922. Proportionnellement les relations avec la Métropole sont en progression.

Ces chiffres sont de bon augure pour l'exercice 1923. Il faut se garder cependant d'un optimisme exagéré. Mieux vaut continuer à être prudent.

*

* *

L'examen de la situation financière de la colonie, telle qu'elle se présente à la fin du 3e trimestre de l'exercice en cours, ne donne lieu, de ma part, dans son ensemble, à aucune remarque qui n'ait été déjà formulée dans mes précédents exposés.

Les constatations favorables enregistrées au mois de mai dernier se sont, depuis, plus nettement accentuées encore.

L'exercice 1922, dont les résultats définitifs n'étaient pas à cette date exactement connus, s'est clôturé en laissant un excédent de recettes de 176.655 fr. 30 qui a été versé à la caisse de réserve.

Ce bénéfice, toutefois, est plus apparent que réel. La liquidation de l'arriéré des années antérieures a, en effet, imposé au budget de 1922 des charges exceptionnellement lourdes et dont quelques-unes, pour des raisons que je crois inutile d'indiquer à nouveau ici, mais où l'Administration actuelle n'a aucune part de responsabilité, avaient échappé aux prévisions du service local. Malgré les plus-values de recettes obtenues, grâce au redressement de la situation économique de la colonie, et qui ont atteint le total net de 319.901 fr. 68, et malgré l'annulation d'une somme importante de crédits demeurés sans emploi en fin d'exercice, cette surcharge imprévue aurait finalement compromis l'équilibre budgétaire, si un certain nombre de mandats d'une valeur totale légèrement supérieure à 132.000 francs n'étaient, au dernier jour, restés impayés et si la liquidation de certaines dépenses assez élevées n'avait subi un retard fortuit.

Les paiements, que l'on peut évaluer environ à 350.000 francs, et dont, par le jeu des circonstances et de façon en quelque sorte accidentelle, s'est ainsi trouvé allégé, en fin de compte, le budget de 1922, concernant notamment, la part contributive de la colonie aux charges militaires de l'État (75.000 francs) ; la part revenant à la Chambre de Commerce de Pointe-à-Pitre sur les centimes additionnels (47 — 41 francs) et un lot assez important de travaux exécutés sur la prorogation d'exercice, et dont les factures n'avaient pu être présentées au 31 mai.

Le total de ces dépenses a été pris en charge par l'exercice en cours, qui en supportera le poids sans difficulté grâce aux fortes plus-values de recettes, déjà acquises, et que l'on doit aux hauts cours du sucre et du rhum.

En définitive, le solde créditeur de l'exercice 1922, arrêté au chiffre susindiqué de 176.655 fr. 30, peut donc être considéré comme libre de toute hypothèque. L'Administration se croit, en conséquence, autorisée à proposer l'emploi de cette somme (arrondie à 175.000 francs) au profit du budget de 1924 à titre de prélèvement exceptionnel sur la caisse de réserve, qui permettra de subvenir aux premières dépenses des travaux de reconstruction de la caserne de gendarmerie de la Pointe-à-Pitre.

L'exercice 1923 continue à se développer dans des conditions que l'on peut considérer comme tout à fait satisfaisantes, si l'on se place au point de vue des résultats d'ordre purement financier dont la réalisation est, d'ores et déjà, certaine.

Exception faite des droits d'enregistrement, sur lesquels se constate une moins-value de 135.963 francs, due, bien moins sans doute au ralentissement des transactions qu'à la dissimulation fiscale — qui, en pareille matière, échappe, à la Guadeloupe, aux recherches et aux sanctions efficaces — l'intégralité des prévisions de « recettes » sera, sous chacune des rubriques budgétaires, atteinte, et même, parfois, largement dépassée, au cours de 1923.

Les gains les plus considérables porteront, naturellement,

comme il vient d'être dit, sur les droits de sortie du sucre et du rhum. La hausse des cours, qui avait marqué les débuts de la campagne avait autorisé un relèvement de 1.300.320 francs des prévisions inscrites au budget primitif de l'exercice. Le mouvement de hausse n'ayant cessé de s'accentuer cette prévision de recettes supplémentaires, qui a fourni au budget rectificatif, voté en juin dernier, son principal élément, se trouvera elle-même, en fin d'année, sensiblement inférieure aux plus-values réelles dont bénéficiera, à ce titre, l'exercice en cours.

D'autre part, les finances locales sont, à l'heure actuelle, entièrement libérées du passif exigible légué par les exercices d'après guerre. La colonie s'est, notamment, acquittée, à l'aide des ressources incorporées au budget rectificatif de 1923, du reliquat total de sa dette envers le personnel administratif. Le soin avec lequel est suivie la comptabilité des dépenses engagées assure, enfin, l'utilisation de chacun des crédits budgétaires à ses fins propres, dans les limites assignées.

Dans ces conditions, l'exécution du budget en cours, en ce qui concerne la partie *Dépenses*, né saurait non plus réserver aucune surprise fâcheuse, aucun mécompte grave.

Il est même à prévoir que, grâce à la prudence attentive d'une gestion financière qui se garde, toutefois, d'apporter aucune entrave à la marche normale d'aucun service, un certain nombre de crédits se trouveront encore, en fin d'exercice, sans emploi.

Par le double jeu des plus-values certaines de recettes et des annulations probables de crédits, le budget de 1923 s'annonce donc comme devant laisser d'importantes disponibilités.

On aurait qu'à se féliciter de cette perspective, si une appréciable part de ce disponible ne devait provenir de l'impossibilité absolue, où se trouve actuellement la colonie, d'exécuter dans des conditions acceptables, présentant le minimum de garanties que l'on doit exiger en pareille matière, un certain nombre de travaux, d'une utilité évidente et urgente, compris dans le plan de campagne de l'année.

Je ne reviens pas sur les causes de cette situation. Elles ont été déjà indiquées au Conseil général avec franchise et netteté...

Je me permettrai d'insister, cependant, sur l'intérêt qu'il y aurait, si réellement l'exercice 1923 nous donne à sa clôture les excédents qu'il promet, à profiter de cette heureuse circonstance pour constituer à la colonie un fonds de réserve de quelque importance, où elle trouverait la garantie d'un avenir moins précaire, une sorte d'assurance contre le retour toujours à craindre des vicissitudes économiques et financières, un élément de crédit et de confiance, enfin, qui faciliterait singulièrement l'élaboration et l'exécution d'un plan définitif de grands travaux d'ensemble, toujours en projet, toujours « à l'étude », dont la réalisation est cependant indispensable à la vie, au salut de ce pays.

Un emploi non moins sage, à mon avis, de ce disponible présumé consisterait à l'affecter, en partie, à l'amortissement anticipé des emprunts dont la colonie supporte annuellement la charge, ou bien à achever de solder la dette ancienne d'un million qu'elle a contractée envers l'État. Les budgets ultérieurs bénéficieraient, de ce fait, d'un allégement appréciable qui leur permettrait d'assurer, plus facilement et plus largement, le service d'emprunt projeté, nécessaire précisément à l'exécution du programme des grands travaux à entreprendre.

Je ne crois pas qu'il soit prématuré d'envisager, dès maintenant, l'utilisation des bénéfices que permet d'escompter le développement d'un exercice encore éloigné de sa clôture.

Il convient, en tout cas, de se tenir en garde contre les sollicitations nombreuses que provoquera peut-être la constatation des résultats favorables enregistrés et qui se traduiraient par l'ouverture, aux derniers mois de l'exercice, de crédits supplémentaires dont aucune considération d'intérêt majeur ne justifierait l'emploi.

Il est aussi indispensable que soient appliquées dans la colonie les dispositions, déjà proposées, de la loi du 18 avril 1918 qui ont édicté des mesures fiscales et des peines sévères de droit commun pour réprimer les affirmations frauduleuses dans les actes de vente et dans les déclarations de succession.

A cette condition seulement, les droits d'enregistrement pourront donner leur maximum de rendement possible.

*

* *

Le projet de budget de 1924 reproduit, dans ses traits essentiels, la physionomie du budget de l'exercice en cours.

francs.

Il a été arrêté à la somme de.............. 18.275.008
Dans ce total, les recettes et dépenses d'ordre
figurent pour............................. 762.000

francs.

et les recettes et dépenses extraordinaires pour. ⟩   790.000
ce qui laisse, pour l'ensemble des chapitres réservés
aux opérations normales réelles, propres à l'exercice,
une somme de 16.723.008

Les prévisions du budget primitif de 1923 afférentes à ces mêmes chapitres s'élevaient à 15.905.560

Les prévisions de 1924 accusent donc, sur ce chiffre, une augmentation de 817.448

Par contre, la comparaison avec les inscriptions de même nature, du budget rectificatif voté en juin, et qui est le vrai budget de l'exercice en cours, soit 17.772.251
fait ressortir, pour 1924, une différence en moins de 1.049.243

Si l'on observe que le budget de 1923 a dû prévoir, pour liquider le rappel des bonifications de traitement dues aux fonctionnaires et assurer le traitement d'arriérés divers, un total de crédits d'environ 920.000 francs, on constate que le montant des charges lui incombant en propre se traduit, en définitive, par un chiffre très voisin de la somme des crédits inscrits au chapitre des dépenses ordinaires, du projet de budget de 1924. Ce rapprochement souligne la similitude que présentent, dans leur ensemble, les deux documents. En effet, les deux exercices successifs, auxquels chacun d'eux s'applique, paraissent devoir se développer dans des conditions sensiblement analogues.

Élaboré à une date où la situation économique de la colonie ne semble menacée d'aucun danger prochain, où nulle baisse n'est encore venue atteindre les cours du sucre et du rhum, le projet de budget de 1924 a pu faire état, ainsi qu'il ressort des chiffres ci-dessus, d'une somme de prévisions de *recettes ordinaires* supérieure de 817.448 francs à celle du budget primitif précédent.

Concourent principalement à cette augmentation nette totale les droits de sortie sur le sucre et le rhum, pour les raisons plus haut indiquées, et aussi, dans une proportion plus forte encore, les impôts perçus sur rôles, dont le rendement, grâce à une action

plus énergique du Service des contributions, à la recherche et à
l'évaluation plus serrées de la matière imposable, est en voie de
progression marquée.

Les seuls fléchissements enregistrés affectent les droits de
douane à l'importation, en décroissance constante depuis plusieurs exercices, par suite de l'élévation des tarifs appliqués aux
marchandises étrangères, et les droits d'enregistrement dont il
a été déjà question. Ces moins-values se trouvent largement
compensées par l'augmentation des prévisions qui s'inscrivent
sous toutes les autres rubiques, notamment au chapitre III
(*Produit. des Postes et Téléphones*) et au chapitre IV (*Produits
perçus sur ordres de recettes*).

Aussi appréciable que soit l'accroissement net des revenus
normaux de la colonie, escompté pour 1924, par rapport aux
indications qui ressortaient à pareille époque, il y a un an, du
projet de budget de 1923, le total des recettes prévues au présent
projet de budget demeure sensiblement inférieur aux réalisations de
l'exercice en cours.

Il eût été singulièrement imprudent, en effet, de prendre ces
réalisations qui, de toute évidence, constituent, en ce qui concerne
surtout les droits à l'exportation, des maxima absolument inespérés
il y a quelques mois, comme base des évaluations à appliquer au
prochain exercice.

Bien que la situation du marché se maintienne très favorable
encore et que les conditions climatériques, l'activité des milieux
ruraux et industriels permettent d'espérer une assez abondante production, on ne saurait raisonnablement perdre de vue le caractère
d'essentielle instabilité qui s'attache, dans les temps que nous traversons, aux faits d'ordre économique et c'eût été s'exposer aux
plus graves déceptions — étant données surtout les chances de
relèvement de la valeur d'achat du franc que laisse entrevoir
l'évolution des événements politiques d'Europe — c'eût été, dis-
je, s'exposer aux déceptions les plus graves que d'admettre comme
probable, pour toute la durée de la campagne qui ne s'est pas encore
ouverte, la persistance des hauts cours pratiqués pendant la
campagne passée.

D'ailleurs, si cette éventualité tout à fait souhaitable, au point
de vue de la prospérité générale de la colonie, venait à se produire,
il en serait naturellement tenu compte, comme le fait a eu lieu
cette année même, dans l'établissement du budget supplémentaire

prochain qui, en réalité, par la force même des choses, constituera
le véritable budget de l'exercice. En effet, tandis que le budget
primitif, comme l'écrit M. René STOURM, « prévoyant de loin des
résultats problématiques ne peut assigner à ses chiffres qu'une vague
autorité, le budget rectificatif, au contraire, devient affirmatif,
puisqu'il opère au cours même de l'exercice, en présence des
faits ».

*
* *

La somme susindiquée de 817.448 francs, de même qu'elle
chiffre l'accroissement présumé des ressources ordinaires de la
colonie du budget primitif de 1923 au projet de budget de 1924,
nous donne la mesure de l'aggravation des *charges normales* imposée
au service local d'un exercice à l'autre.

Ce surcroît de dépenses porte, pour une part, sur les rubriques
réservées aux achats de *Matériel* et se justifie par la nécessité de
reconstituer, après plusieurs années d'extrême parcimonie dans les
acquisitions de cet ordre, le mobilier, l'outillage courant, les appro-
visionnements ordinaires des divers services. Il faut également
doter du strict indispensable les institutions et rouages nouvellement créés ou en voie de formation (stations agricoles, laboratoire, bibliothèques, enseignement technique). Dans l'ensemble, cependant, l'augmentation des dépenses de cette sorte
demeure relativement faible. Elle ressort à la somme d'environ
240.000 francs, si l'on totalise les majorations nettes qui affectent
chacun des chapitres réservés à cet ordre de crédits. Le chapitre
le plus obéré est le chapitre V (132.300 fr.) qui a à supporter
l'inscription d'une subvention complémentaire au profit de la
masse de remonte de la gendarmerie, subvention motivée par la
nécessité de porter enfin au chiffre réglementaire l'effectif des
chevaux du détachement local, d'où résulte également une augmentation sensible du coût de l'approvisionnement de fourrage et
d'avoine.

Bien plus considérable apparaît le total des augmentations de
crédit portant sur les chapitres spéciaux aux dépenses de *Personnel*.
Les services antérieurement pourvus de leurs cadres réguliers, d'un
statut définitif, ne participent que dans une très faible proportion
à cette aggravation des charges budgétaires. Les augmentations
dont ils bénéficient ont leur cause dans le jeu normal des avan-

cements. Elles proviennent aussi, et surtout de ce que, dans le calcul des disponibilités à prévoir pour incomplets, il a été tenu un compte plus exact de la situation réelle que doivent présenter les effectifs en 1924. C'est ainsi que le crédit afférent au paiement des soldes de la Gendarmerie a été accru de 75.000 francs, la défalcation opérée pour incomplets probables se trouvant ramenée, sous cet article, de 175.000 à 100.000 francs.

Mais les charges les plus lourdes qui, dans cet ordre de choses, pèsent sur le budget du prochain exercice, lui sont imposées soit par le développement que sont normalement appelés à prendre d'une année à l'autre les services nouvellement créés, soit par la mise en vigueur de dispositions législatives ou réglementaires nouvelles qui ont pourvu d'un statut le personnel de services restés jusque là sans organisation définitive, ou qui ont récemment conféré d'appréciables avantages de solde aux fonctionnaires de certains corps.

A signaler, à ces divers points de vue, l'augmentation des dépenses des Services de l'agriculture et de l'enseignement technique agricole en voie de formation et qui se traduisent, au total, par la somme supplémentaire d'environ 62.000 francs, répartie entre les chapitres VIII et XI; le Service de santé (personnel du laboratoire de bactériologie projeté, paiement des médecins de Saint-Barthélemy et de Saint-Martin); le Service d'assistance; les majorations de crédits nécessitées par l'organisation du personnel de la Trésorerie; enfin et surtout les charges que met au compte du budget local le relèvement des traitements du personnel enseignant, résultant de l'application du décret du 10 mars 1923 et qui entraîne, en ce qui concerne l'enseignement primaire, une majoration de crédits de 155.115 francs (chapitre XI) et pour l'enseignement secondaire une augmentation de 29.700 francs de la subvention accordée au Lycée de Pointe-à-Pitre (chapitre XIV).

Il s'agit là de dépenses permanentes, obligatoires, dont le montant doit normalement s'accroître d'une année à l'autre, au fur et à mesure que prendront de l'extension les rouages ou institutions nouvelles, d'une utilité d'ailleurs primordiale, auxquelles elles s'appliquent au fur et à mesure que le personnel nouvellement recruté, affecté à ces services, augmentera de grade; au fur et à mesure, enfin, pour ce qui est de l'enseignement primaire, que s'ouvriront de nouvelles classes, que se construiront de nouvelles écoles.

Notons, au surplus, que la création d'organismes non encore existants, tels que le Service forestier, s'imposent instamment aux préoccupations de l'Administration et de l'Assemblée locale; que l'application de la loi sur l'assistance publique en est à ses premiers pas, à ses premiers tâtonnements, et qu'il a été impossible d'inscrire au projet de budget de l'exercice prochain un crédit suffisant de nature à assurer convenablement le fonctionnement régulier du service des enfants assistés; que la loi du 23 avril 1918 sur le régime des chemins vicinaux n'a même pas reçu un commencement d'application; que tout est à faire en ce qui concerne l'organisation d'un service d'hygiène publique répondant aux exigences les plus élémentaires d'une situation sanitaire qui s'affirme de plus en plus attristante; qu'une réorganisation générale de la police apparaît de plus en plus urgente et nécessaire, et, d'ailleurs, a été mise à l'étude...

Quant à songer à une atténuation éventuelle, plus ou moins lointaine, des charges dont il est question — je veux dire des dépenses de personnel — cette hypothèse ne serait à envisager que si une baisse importante et définitive venait à se produire dans le coût de la vie, justifiant un abaissement corrélatif des traitements. Éventualité singulièrement problématique et à échéance apparemment fort éloignée. Et, d'ailleurs, le jour où cette hypothèse viendrait tout de même à se réaliser, le budget de la colonie n'en éprouverait, dans son économie générale, aucun soulagement véritable : l'ensemble des recettes du service local fléchirait, alors, en effet, dans des proportions au moins égales.

Les considérations qui précèdent, et qui ont été déjà plusieurs fois formulées, comportent, on ne saurait trop y insister, les plus sérieuses menaces pour l'avenir de nos finances.

Le danger se manifeste avec une évidence déjà bien inquiétante, justement à l'examen attentif des prévisions du projet de budget de 1924.

En réalité, l'augmentation totale *brute* des dépenses incombant à cet exercice (dépenses d'ordre et dépenses extraordinaires non comprises) se traduit par le chiffre de 1.175.000 francs.

Quel que soit l'esprit d'ordre et d'économie dont s'inspire l'Administration des finances locales, quelque minutieuse application qui ait été apportée à l'établissement, rubrique par rubrique, du projet de budget en question, l'aggravation des dépenses annuelles de la colonie s'avère donc, dès maintenant, à la lecture

de ce document, très sensiblement supérieure à l'accroissement de
ses revenus ordinaires, calculée en faisant état des circonstances
économiques, en somme, les plus favorables, en tenant compte
aussi, bien entendu, du rendement intégral des réformes fiscales
récemment entrées en vigueur et qui ne laissent pas d'introduire
un appréciable élément de stabilité dans la balance budgétaire.

Cependant, l'équilibre, on le voit, est déjà faussé. Et, pour
ramener à la somme de 817.000 et quelques francs, nécessaires au
rétablissement de la balance, l'augmentation *nette* totale des
dépenses de l'exercice, il a fallu opérer une réduction de plus de
355.000 francs sur les crédits d'un certain nombre de chapitres.

Sans doute, est comptée dans cette dernière somme, une économie de 77.091 francs réalisée au titre du chapitre Ier, et qui
provient de l'extinction, au cours de 1924, d'une partie de la
dette résultant des emprunts autrefois contractés. C'est là une
constatation heureuse, un allègement définitif et réel.

Mais il est profondément regrettable que, pour le reste, les
compressions, dont la nécessité s'est imposée, portent, presque en
totalité, sur les chapitres dont la dotation assure l'exécution du
plan de campagne des travaux d'utilité publique à effectuer au cours
de l'exercice.

L'amputation forcée que subissent ainsi les chapitres IX et X
s'élève, par comparaison avec les crédits qui leur étaient réservés
au budget primitif de 1923, à la somme nette de 265.967 francs.

On peut, à vrai dire, apporter à ce chiffre une sorte de correc-
tif en observant que la dotation réservée aux constructions d'écoles,
et qui figure au chapitre XIV du budget, a été relevée de 180.000 fr.
En outre, comme il a été dit plus haut, un crédit de 175.000 fr.,
que l'on trouve inscrit au chapitre des *Dépenses extraordinaires*,
parce qu'il a sa contre-partie dans un prélèvement d'égale somme à
effectuer sur les fonds de réserve, est destiné à subvenir aux premiers frais de reconstruction de la caserne de gendarmerie de la
Pointe-à-Pitre.

Il n'en est pas moins vrai que, si l'on s'en tient à l'examen des
chapitres spécialement réservés, dans la nomenclature budgétaire,
au Service des travaux publics, o.. constate que la dotation affectée,
au compte du projet de budget de 1924, à l'exécution du plan de
campagne de l'exercice, accuse une appréciable diminution sur
l'ensemble des crédits de même nature prévus au budget primitif

précédent, dont les ressources générales avaient, cependant, été évaluées à une somme sensiblement inférieure.

Sans doute, les disponibilités élevées que laissera, selon toute probalité, la clôture de l'exercice en cours permettront de redresser cette situation, lors de l'établissement du prochain budget rectificatif, et d'assurer, en définitive, au Service des travaux publics une somme de crédits à peu près équivalente à celle qui a été mise à sa disposition en 1923.

Ce n'est toutefois là qu'une promesse due à des circonstances d'ordre général particulièrement favorables et qui peut-être ne persisteront pas. Et, si l'on s'en tient aux données scrupuleusement étudiées qui ont servi à l'élaboration du budget primitif de 1924, on est bien contraint d'arriver à cette conclusion que, d'ores et déjà, alors même que les contingences extérieures permettent de tabler sur une rentrée normale des impôts, sur un rendement satisfaisant et accusant une progression marquée, des sources ordinaires des revenus de la colonie, le budget local, sous la pression de plus en plus lourde de charges inévitables qui sont encore loin d'avoir atteint leur plein développement, voit se resserrer l'élasticité relative qu'il semblait s'être assurée, et n'est plus en mesure de consacrer aux œuvres vives, aux réparations, aux reconstructions, aux créations utiles qu'un ensemble de crédits dont le total va s'amincissant et répond de moins en moins aux besoins primordiaux de la vie économique du pays.

Le mal hélas! n'est pas seulement là.

Peut-être même les alarmantes constatations que conduit à formuler l'examen de l'économie budgétaire du prochain exercice, prendront, au moins momentanément, une importance de second plan, si l'on veut bien considérer qu'en l'état actuel de ses effectifs, le Service des travaux publics se trouve dans l'impossibilité matérielle, quels que soient la bonne volonté, le dévouement des unités de direction, d'assurer l'emploi rationnel, pratique, efficace des crédits qui lui sont affectés, et dont, dès lors, le montant importe assez peu. Cet aspect de la question a déjà été noté plus haut. Je n'y insiste pas. Le mal en lui-même n'est pas sans remède. Il suffit de recruter le personnel qui, numériquement et qualitativement aussi, fait défaut.

De pressants appels ont été adressés en France, à cet effet. Souhaitons qu'ils soient entendus. En tous cas, les dotations du Service, en ce qui concerne le *Personnel* (chapitre VIII) ont été arrêtées de façon à faciliter un recrutement, à assurer aux unités de complément dont on a un absolu besoin, un traitement assez avantageux pour les attirer et les retenir à la Guadeloupe. Quel que soit le sacrifice à envisager, il faut, à mon avis, s'y résoudre. Les gaspillages et les malfaçons, conséquence inévitable du manque d'agents de contrôle qualifiés, l'éparpillement des efforts que, sous peine d'un arrêt complet de toute activité, on est bien contraint de tenter, par intermittence et par à-coups, sans unité de plan, sans continuité de vues, finiront par coûter infiniment plus cher encore.

Non seulement le recrutement d'un personnel technique compétent permettra d'assurer, avec toutes les garanties désirables, au mieux des intérêts de la collectivité, l'emploi utile des crédits affectés à l'exécution du plan de campagne annuel, mais encore, c'est à cette seule condition qu'il sera possible de parvenir enfin à l'établissement définitif, avec plans et devis détaillés à l'appui et d'entreprendre l'exécution, avec les moyens de contrôle appropriés, du programme des grands travaux d'utilité publique dont il a été question au cours de cet exposé, dont on a déjà tant et si souvent parlé. Or dans la réalisation de ce programme se trouve précisément la solution des difficultés financières dont la menace se dessine, on l'a vu, si nettement déjà sous l'apparente prospérité du moment. Je n'ai qu'à répéter ici ce qui a été déjà dit : la réalisation, sur fond d'emprunt, de l'ensemble des travaux d'intérêt général, dont l'urgente nécessité n'est plus à démontrer, après tant d'années d'attente et de stagnation, comportant la remise en état complète de l'outillage économique de la colonie, la restauration de ses édifices, l'aménagement, la construction des immeubles indispensables au fonctionnement des divers services, la réfection ou la création d'un réseau routier, colonial et vicinal, adapté aux besoins de la locomotion moderne, la construction des voies ferrées, l'utilisation rationnelle des sources d'énergie électrique qui abondent dans le massif montagneux, l'adduction d'eau potable dans toutes les agglomérations urbaines et dans les centres ruraux, leur assainissement, l'installation d'un réseau téléphonique perfectionné, de stations de télégraphie sans fil dans les Dépendances, la construction d'écoles, de maisons de retraite pour les pauvres vieux, de dispensaires, d'asiles hospitaliers, de maternité, de sanatoria, etc..., l'exécution, dis-je, à l'aide de fonds d'emprunt, de l'ensemble de ces travaux d'intérêt général, auxquels devraient contribuer les communes, pour une part proportionnelle à la fois à leurs disponibilités financières et au bénéfice direct que leur population en retirera, offrira un avantage doublement précieux : d'une part, l'effort de mise en valeur méthodique ainsi poursuivi pousserait au maximum les facultés de production, les possibilités de rendement d'un pays naturellement très riche, et partant, développerait bien au delà des limites atteintes jusqu'ici et sans qu'il fût besoin de recourir à de nouveaux impôts, ses capacités contributives ; d'autre part, l'institution d'un budget annexe alimenté par les fonds d'emprunt, prenant à son compte l'exécution de la plupart des travaux neufs ou de grosses réparations, qui incombent actuellement au budget ordinaire, allégerait ce dernier d'une charge excessive et à laquelle il n'a jamais pu véritablement suffire, lui laissant seulement le soin d'assurer, avec des ressources graduellement accrues, comme il vient d'être dit, le paiement des annuités et l'amortissement de l'emprunt contracté.

L'exécution de tels travaux, correspondant aux trois stades principaux — production, circulation, échanges — du processus économique doit apporter sans conteste dans le pays une activité des plus fécondes et concourir au maintien de la prospérité générale constatée aujourd'hui, tout en nous laissant bien augurer de l'avenir.

Telle est la direction vers laquelle, semble-t-il, doit tendre de de tous ses efforts l'Administration, secondée dans cette voie par la volonté nettement affirmée de l'Assemblée locale. C'est dans cette pensée qu'ont été reportés au budget de 1924, à titre d'indication et pour ainsi dire de simple entrée en matière, les crédits déjà inscrits au budget primitif précédent, en vue de la constitution d'un bureau d'études de travaux à exécuter sur fonds d'emprunt, et du paiement des premiers frais que nécessitera la réalisation d'un premier emprunt de trois millions déjà décidée en principe.

Je ne puis conclure cet exposé financier qu'en insistant à nouveau sur l'absolue nécessité d'attirer à la Guadeloupe, coûte que coûte, le personnel technique dont la présence constitue la condition sine qua non de la réalisation de ces projets.

Il n'est pas sans intérêt de noter, enfin, et j'ai plaisir à terminer cet exposé de notre situation financière sur cette indication réconfortante, que l'année 1924 doit, en tout état de cause, marquer un premier pas et un pas important dans la voie de l'aménagement de l'outillage économique de la Guadeloupe.

Le prochain exercice verra enfin s'ouvrir les chantiers d'amélioration du port de la Pointe-à-Pitre. Pour l'exécution de ces travaux, il va être fait appel à un emprunt dont les modalités de réalisation, déjà arrêtées, offriront cette intéressante particularité de solliciter le concours de la petite épargne et des capitaux guadeloupéens. La mise en œuvre de ces travaux, l'appel aux fonds d'emprunt qu'ils nécessiteront, aura pour conséquence la création d'un budget spécial où s'incorporeront, dès qu'il prendra forme légale, les recettes et les dépenses qui ont été portées jusqu'ici et qui figurent encore provisoirement pour 1924, au chapitre des recettes et des dépenses extraordinaires du budget annuel.

*
* *

Des concessions de terrains domaniaux, délimités et lotis, sont délivrées à Bouillante et à la Goyave. Ces concessions sont faites au grand profit de la production du pays et des petits cultivateurs de cette île sur la partie des terrains domaniaux pouvant être mis en culture sans dommage pour le régime des eaux et forêts, et de la possibilité même de faire reboiser certaines parties du sol en y implantant, sous conditions spéciales, un certain nombre de colons.

Je compte que de ce côté nous pourrons faire donner, dans une certaine mesure, satisfaction à la petite culture si intéressante dans ce pays. En poursuivant la délimitation et le lotissement des terrains domaniaux qui peuvent sans inconvénient être mis en culture, j'ai le très vif désir de réaliser sur une plus large échelle, l'accroissement des cultures secondaires de la Guadeloupe et l'amélioration du sort d'un grand nombre de ses enfants. Faisons tout ce qui est en notre pouvoir pour que chaque travailleur arrive à posséder son petit coin de terre ; il sera porté par son intérêt même à y intensifier la production. Nous lui en faciliterons les moyens par la sélection des semences, par le crédit agricole mutuel qui lui permettra de faire face aux besoins de sa petite exploitation et, partant, lui apportera, dans son foyer, la joie et la vie.

Menons donc la bonne et nécessaire croisade pour que le goût du travail de la terre soit sérieusement développé dans une colonie qui ne vit que de l'agriculture, et, en poussant nos efforts vers ce but, nous préparerons une organisation économique d'après guerre orientée vers la justice, le progrès et la paix sociale. Nous aurons alors fait au travail, dans notre démocratie, la place qui lui revient.

*
* *

Un règlement, préparé par les Chefs des Services de l'agriculture et des domaines, en conformité de la loi du 26 mars 1922, est soumis aux délibérations du Conseil général.

Son exécution exigera l'inscription d'un crédit de 91.500 francs et amènera progressivement à la constitution du cadastre à la Guadeloupe.

Il serait à souhaiter que ce nouveau régime, tant désiré, soit mis en vigueur le plus tôt possible.

*
* *

Le Service des postes et télégraphes continue à se développer et à accroître son trafic.

Ses recettes pésentent un accroissement sensible. Au 30 septembre dernier, l'excédent, par rapport aux prévisions budgétaires, dépassait 50.000 francs et atteignait près de 20.000 francs par rapport à la période correspondante de l'année dernière.

Cet heureux résultat est dû, d'une part au dernier relèvement des taxes postales, télégraphiques et téléphoniques qui produit maintenant son plein effet, d'autre part au developpement de la T. S. F., et aussi aux nouvelles attributions du Service se rapportant aux envois contre remboursement et aux recouvrements.

Les travaux d'aménagement du nouvel hôtel des postes de Pointe-à-Pitre sont en cours; il y a lieu d'espérer qu'il seront achevés à la fin de l'année.

Parallèlement, la réfection entière du réseau téléphonique de cette ville a été entreprise. Des appareils téléphoniques nouveaux, pouvant desservir deux cents abonnés, seront installés au nouveau central téléphonique.

Pointe-à-Pitre sera donc dotée non seulement d'un hôtel des postes, mais également d'un réseau téléphonique entièrement neuf.

Aussitôt installée dans son nouveau local, la poste sera en mesure d'assurer le service des colis postaux contre remboursement.

La T. S. F. se développe dans des conditions satisfaisantes.

La liaison unilatérale France-Guadeloupe a été réalisée depuis le 4 juin dernier et donne de très bons résultats.

Dans le nouvel hôtel des postes, un local sera affecté à la réception des grands postes et un autre à un cours de T. S. F. destiné à former les radiotélégraphistes dont le Service aura besoin.

Dès que seront parvenus les renseignements demandés au Département pour l'organisation d'un réseau optique destiné à relier les Dépendances avec la Guadeloupe proprement dite, cette question sera étudiée et soumise à l'Assemblée locale.

Nous avons aussi le désir de développer notre réseau de communications maritimes côtières pour répondre aux besoins d'un mouvement économique de jour en jour plus important et mettre en valeur la région Sous-le-Vent jadis improductive. A cet effet, une adjudication aura lieu à Paris et à Basse-Terre le 11 février prochain.

Ce nouveau service maritime est divisé en trois lots :

PREMIER LOT

Groupe A. — Lignes de Pointe-à-Pitre, Basse-Terre, Terre-de-Haut, Marie-Galante et Désirade.

Groupe B. — Lignes de Pointe-à-Pitre, Petit-Bourg, et Port-Louis.

DEUXIÈME LOT

Lignes Deshaies, Basse-Terre.

TROISIÈME LOT

Lignes Pointe-à-Pitre, Saint-Barthélemy, Saint-Martin.

*
* *

J'arrive, Messieurs les Conseillers généraux, à la question *Travaux publics*. Je n'étonnerai personne en affirmant qu'au moment présent, elle domine toutes les autres. L'heure est venue, si nous voulons contribuer utilement au développement agricole, industriel et commercial de la Guadeloupe et tirer un meilleur parti de ses richesses naturelles, de compléter, dans toute la mesure possible, son outillage économique.

Depuis deux ans le Gouvernement de la colonie et la première Assemblée du Pays en ont affirmé la nécessité, et des projets, tantôt grandioses, tantôt plus modestes, ont été la conséquence de cette indispensable collaboration. Je vous ai exposé plus haut les raisons pour lesquelles ce programme de travaux publics n'a pu encore être réalisé.

De la pénurie de personnel technique, il résulte que les travaux neufs et de grosses réparations des ouvrages d'art n'auront pu être tous entrepris ; pas plus que n'ont été assurées les études et l'exécution complète du plan de campagne de 1923, notamment en ce qui concerne les travaux des ponts de la Boucan, de la Goyave, de Castagnet et de Blanchet, et les études du tracé de la route « Sous-le-Vent ».

Toutefois, il y a lieu d'enregistrer que la route carrossable de Sainte-Rose à Deshaies est rendue accessible aux voitures et automobiles, jusqu'à 8 kilomètres du bourg de Deshaies. Du fait des études entreprises de la déviation Bois d'Inde et du maintien du crédit de 140.000 francs au plan de campagne de 1924, le bourg de Deshaies sera, en 1924, accessible à la locomotion automobile comme le sont actuellement ceux des Vieux-Habitants et du Marigot.

Sont également en cours les importantes réparations de l'hôtel des postes, de l'orphelinat, de l'hôpital de Saint-Claude, de la léproserie et de nombreuses écoles de hameau.

Deux acquisitions nouvelles, celles des casernes de gendarmerie de Pointe-Noire et de Deshaies augmentent le capital immobilier de la colonie, en assurant dans ces communes des locaux sains et spacieux pour la gendarmerie.

Les appontements du Vieux-Bourg, de Grand-Bourg, de Saint-Louis, de la Goyave, du Petit-Bourg, ont été les uns complètement reconstruits, les autres sérieusement réparés.

La construction de ceux de Bouillante et des Vieux-Habitants est mise en adjudication.

Une bouée nouvelle a été placée à Deshaies, point de station de la ligne prévue pour le Service côtier Basse-Terre — Deshaies.

Une puissante bouée lumineuse a été mouillée à l'entrée Nord de la Rivière-Salée, assurant à toute la baie Nord une facilité de navigation saluée avec joie par les industriels, marins et pêcheurs intéressés à cette navigation.

L'établissement de Fouillole est en excellent état d'ordre et d'activité pour l'exécution des travaux du port tels qu'ils sont prévus en participation de cet établissement.

Le ber important, enfin terminé, permet le renflouement de tout le matériel flottant du service local, et même celui des particuliers.

La drague *France* dont les réparations n'avaient pu être faites depuis dix ans, faute de cette construction, y a été hâlé, et réparée cette année à fond, élinde et coque aux deux tiers neuves. Elle y cédera la place à la drague *Dolphin*.

Le pont de la Rivière-Salée a été remis en très bon état d'entretien.

Le siphon pour la conduite d'eau de Pointe-à-Pitre a été placé dans de bonnes conditions et permet l'adduction de 230 litres d'eau à la seconde dans les réservoirs de cette ville qui lui assurent un approvisionnement d'eau total de 10.500.000 litres. Et l'on pourra alors envisager la distribution régulière d'une partie du débit journalier de cette eau excellente aux bourgs voisins de Pointe-à-Pitre.

Je dois ajouter que les communes de Saint-François, de l'Anse-Bertrand et de la Désirade ont été dotées chacune d'une citerne de 100.000 litres. Il était de toute urgence d'alimenter d'eau potable les habitants de cette région qui, jusqu'ici, en étaient dépourvus.

*
* *

Nos efforts, vous le savez aussi, vont incessamment réaliser les conditions favorables à une organisation touristique rationnelle indispensable à la propagande extérieure. Nous mettrons de la sorte à profit des beautés naturelles de ce pays pour faire connaître au monde notre « Ile d'Emeraude. » Il n'est d'ailleurs pas sans intérêt, au point de vue économique, que la Guadeloupe soit visitée car, selon la forte et belle pensée de notre éminent Ministre des Colonies, M. Albert SARRAUT, le touriste d'aujourd'hui peut devenir le colon, le chef d'entreprise, le bailleur de fonds de demain. Afin d'accélérer les installations qui permettront aux touristes étrangers de trouver ici le confort et toutes les commodités auxquelles ils sont habitués, il est de toute nécessité d'encourager directement l'édification d'hôtels et de préparer l'aménagement des bourgs et des villes.

Nous sommes donc entrés dans la voie des initiatives qui détermineront sans doute, d'ici peu de temps, la grande clientèle touristique internationale à comprendre la Guadeloupe dans ses itinéraires.

En vue de compléter l'œuvre de propagande si nécessaire au développement du pays, mon intention est de créer à Paris, au centre dès affaires, une agence économique de la Guadeloupe.

À cette agence, le public pourra trouver les informations et les renseignements sur les ressources et les besoins de la colonie. Et ce sera la meilleure façon de la faire mieux connaître aux capitalistes métropolitains, aux importateurs et exportateurs, aux négociants, aux fabricants et de favoriser ses relations industrielles et commerciales avec la Métropole.

*

* *

Notre pays est voué, jusqu'à présent, aux risques de la monoculture et à la stabilité que nos cultures d'importation sont ainsi susceptibles d'assurer à son équilibre économique. Les cours du sucre, du rhum — qu'on les cote en francs ou en dollars — peuvent accuser une baisse importante. Il s'ensuivra fatalement une crise de nature à briser l'élan de nos planteurs. Pour éviter un tel désastre, je ne saurais trop les engager à développer et à diversifier les cultures, à étendre celles qui existent et à en entreprendre d'autres comme celles du cocotier, du tabac, du manioc, du vanillier etc.. Il convient de ne pas laisser disparaître le café « Guadeloupe » qui est un produit de luxe, faisant prime sur les marchés de la Métropole.

Je signalerai que certaines cultures à usage industriel, le coton par exemple, retiennent actuellement l'attention des capitalistes métropolitains qui envisagent, à Saint-Barthélemy et à Saint-Martin notamment, la mise en culture de grandes plantations, susceptibles d'alimenter les importantes filatures de la Métropole et de concourir à leur approvisionnement.

Il m'est également agréable d'enregistrer que la culture des bananiers est sans doute appelée à d'importantes extensions nécessitées par l'installation prochaine de chalands frigorifiques. Depuis quelques mois un nouveau courant commercial en faveur de la banane s'est créé entre la Métropole et la Guadeloupe. Le Gouvernement local ne ménagera pas ses efforts pour aider les planteurs à créer des bananeraies dont on devra perfectionner les procédés de culture, généraliser l'emploi des variétés sélectionnées à grand rendement et standardiser, le moment venu, les types commerciaux.

C'est ainsi que les producteurs seront protégés contre le maraudage et qu'il est soumis au Conseil général un projet tendant à leur accorder une prime sous la forme d'exemption des droits de statistique et de quai. Par ailleurs, le Département sera saisi incessamment d'une requête tendant à accorder à la banane une protection contre le similaire étranger, sur les marchés de la Métropole, à l'instar de ce qui existe déjà pour les sucres, le café et le cacao.

Les problèmes de la production agricole sont ici trop souvent résolus par la routine, l'ignorance ou l'intérêt mal compris. Nous assurerons quelque chance de plus au bon sens en préparant au pays des agriculteurs capables de se rendre compte des facteurs principaux de la production locale, en formant des intelligences ouvertes aux vérités qui se dégagent des notions scientifiques qui sont le fondement de l'agriculture moderne.

Les jardins d'essais ou de multiplication des plantes sont en voie d'aménagement ; leurs pépinières en construction.

Nos jardins peuvent déjà mettre à la disposition du public un certain nombre de plants. Leur situation aux portes de deux grandes villes autant que des considérations agrologiques nous ont amené à les affecter plus particulièrement à l'horticulture, les cultures potagère et fruitière. Nous avons en préparation des quantités assez importantes de manguiers greffés, des letchis, des sapotilliers et d'autres plants qui seront disponibles dans deux mois.

Notre organisation est une question de longue haleine. Nous préférons aller lentement et faire quelque chose de durable, certains qu'avec de la persévérance se réalisera peu à peu le programme nettement tracé dans l'arrêté organique de notre Service d'agriculture.

*
* *

La diffusion sous toutes ses formes de l'instruction dans la colonie a été l'objet de notre plus constante préoccupation.

Votre attention, Messieurs, avait déjà été attirée sur le grand nombre d'enfants d'âge scolaire qui, faute de place ou à cause de la distance trop grande qui les sépare de l'école, sont dans l'impossibilité de recevoir aucune instruction. Un plan méthodique de créations d'écoles de hameau et de créations de classes a été mis à l'étude. Pour épargner toute perte de temps, des plans types d'écoles à une classe et d'écoles à deux classes ont été établis et approuvés. Les fonds nécessaires ont été mis à la disposition des communes les plus nécessiteuses et la plus grande célérité a été apportée à l'expédition des formalités administratives qui doivent présider à leur ouverture. C'est ainsi que depuis un an, vingt écoles nouvelles ont été ouvertes dont onze dans l'arrondissement de Pointe-à-Pitre et neuf dans celui de Basse-Terre.

Mille enfants, qui étaient jusque là sans instruction, ont pu être ainsi reçus sur les bancs de l'école. Ce n'est là qu'un début, une indication de ce que nous comptons faire pour assurer intégralement l'instruction des enfants du peuple.

Sur tous les points de la colonie, des constructions s'élèvent qui, bientôt, verront la jeunesse attentive accourir aux leçons des nouveaux maîtres. Seize classes seront en effet ouvertes incessamment dans la première circonscription et treize dans la seconde.

Nous n'avons pas voulu seulement recevoir dans nos écoles un plus grand nombre d'élèves, nous avons tenu à ce que leur enseignement soit de plus en plus varié et à ce que les travaux manuels y prennent peu à peu à côté des études spéculatives la place qui leur est due. Sous le nom modeste d'enseignement ménager, des cours pratiques ont été installés dans plusieurs écoles. Trois sont actuellement en pleine prospérité et de nouvelles créations sont à l'étude.

L'enseignement ménager, jusqu'ici trop délaissé et relégué dans les établissements scolaires au dernier plan, devra désormais être donné partout, et partout être donné non sous une forme théorique, livresque et par là même stérile, mais sous une forme matérielle, pratique et ainsi seulement efficace. En présence des difficultés croissantes de la vie, nos jeunes filles — toutes nos jeunes filles, à tous les degrés de cette échelle sociale dont les échelons se rapprochent de plus en plus les uns des autres — agiront donc en se préparant dès à présent à toutes les besognes nouvelles qui les attendent et leurs familles agiront non moins sagement en les y préparant.

En vue du recrutement des futurs maîtres, un cours normal mixte à trois années d'études a été réorganisé dans les conditions qui répondent aux vœux que vous avez exprimés dans votre session de 1919.

Tout en faisant ce qui dépendait de nous pour relever le niveau intellectuel, nous nous sommes efforcés de rénover l'atmosphère morale, d'inspirer aux citoyens de demain le goût de l'épargne, le respect de la solidarité humaine en les initiant, dès leur enfance, à la pratique des œuvres de mutualité sociale.

Enfin nous n'avons pas voulu que la pauvreté et la misère restent un obstacle à la fréquentation scolaire et la Caisse centrale des Écoles, réorganisée et dotée par vous, a versé aux comités locaux des sommes en rapport avec l'étendue des besoins qui lui ont été signalés.

Les maîtres de l'enseignement primaire qui ont vu leurs traitements relevés par l'application de la loi Herriot bénéficient en outre d'une allocation supplémentaire de 25 p. 100 quand ils résident dans une commune peu salubre, et un crédit de 35.000 francs a été prévu pour accorder la même allocation à ceux qui se seront particulièrement dévoués aux œuvres complémentaires de l'École. Notre plus vif désir est de pouvoir étendre cette faveur à tous les instituteurs et institutrices de la colonie, mais les dépenses que nécessiterait cette mesure dépassent nos capacités financières et j'ai dû en ajourner l'exécution à un avenir meilleur.

Tel est, Messieurs les Conseillers généraux, l'ensemble des dispositions que nous avons prises pour étendre notre ensei-gnement primaire et en relever le niveau.

Notre enseignement secondaire est en pleine prospérité. Au cours de la dernière année scolaire, 466 élèves ont fréquenté le Lycée, dont nous avons dû prévoir l'agrandissement. Un pavillon a été exhaussé pour le logement des services adminis-tratifs et un nouveau dortoir est en construction. Les élèves qui sortent de l'enseignement secondaire trouvent facilement dans le commerce ou dans l'industrie coloniale l'emploi de leur activité, à laquelle est assurée une très suffisante rémunération qui est la preuve la plus tangible de l'estime qu'on porte aux études qu'ils ont faites. Cinquante-deux boursiers ou allocataires, la plupart anciens élèves du Lycée, sont entretenus par vous dans la Métropole où ils continuent leurs études. Cette année, quatre d'entre eux ont été reçus docteurs en médecine, un autre a obtenu le diplôme d'ingénieur civil, un a été reçu licencié ès-lettres, un autre enfin, après une seule année de préparation, a été reçu au premier examen d'admission à l'École centrale. Qu'il me soit permis d'enregistrer avec fierté ces résultats qui montrent que les sacrifices que vous avez consentis ne sont point inutiles.

Si réconfortants que soient ces résultats, ils seraient insuffisants si nous nous étions bornés à donner à nos élèves un enseignement purement livresque, c'est pourquoi, après bien des tentatives infructueuses, nous avons créé des cours d'instruction technique qui forment dans leur ensemble le cycle complet de l'enseignement technique.

L'École professionnelle, fondée depuis janvier 1922, entre dans sa deuxième année d'existence scolaire. Elle reçoit vingt élèves, la plupart internes, et les initie aux travaux du fer et du bois. Ces élèves reçoivent en outre une solide instruction théorique et suivent des cours de dessin, de physique, de chimie, de mathématiques. Ils formeront l'élite de nos futurs ouvriers et contremaîtres et contribueront à la prospérité de notre pays.

Les cours d'hydrographie maritime qui ont, eux aussi, deux années d'existence, nous ont fourni cette année des candidats au diplôme de patron au bornage. Six d'entre eux ont subi cet examen avec succès, et ont trouvé aussitôt des embarquements, car faute de cet enseignement si nécessaire dans notre île, nos bateaux étaient dépourvus de capitaines et notre navigation était tributaire de nos voisins.

Un examen de capitaine au petit cabotage aura lieu avant la fin de cette année et nous pouvons espérer qu'ici encore, nos inscrits maritimes, élèves de nos cours d'hydrographie, verront le succès couronner leurs études.

Nous devons à l'initiative de la Chambre de Commerce de la Pointe-à-Pitre la création de cours commerciaux qui ont ouvert leurs portes à dix-huit étudiants ou étudiantes depuis le 1er avril 1923. C'est une heureuse création qui répond à des besoins réels. Nos employés de commerce suivent des cours de comptabilité, de droit commercial, de correspondance, de sténographie et de dactylographie. Deux d'entre eux ont reçu le diplôme de sténographie.

Enfin il était inadmissible que dans un pays qui tire toutes ses ressources de ses produits agricoles, il n'y eût pas une école spéciale d'agriculture. Après de longues difficultés, notre école spéciale d'agriculture a été installée à Sainte-Rose dans un centre salubre qui offre toutes les commodités pour l'étude des diverses cultures. Elle marquera une ère nouvelle dans le développement agricole de la colonie.

Les cours théoriques et pratiques ont commencé le 1er octobre et j'ai rapporté une excellente impression de la visite que j'ai faite de notre nouvel établissement.

Nous croyons avoir jeté les bases d'un enseignement qui suffira à toutes les branches de l'activité économique et qui contribuera à la prospérité de la Guadeloupe.

Je ne dissimulerai point que dans ses diverses parties, notre enseignement pratique reste encore à l'état rudimentaire et qu'il nous faut les leçons de l'expérience pour lui donner dans le sens le plus pratique un développement plus complet. Tel qu'il est, il peut suffire aux besoins du moment et je vous donne l'assurance que ma sollicitude ne lui fera point défaut chaque fois que des améliorations paraîtront nécessaires.

Je me suis peut-être trop étendu sur les diverses parties de notre service d'enseignement, mais je sais, Messieurs, quel est l'intérêt que vous portez à tout ce qui concerne l'instruction de nos enfants et je suis certain qu'en vous parlant d'eux je n'ai point lassé votre patience.

Pour ce qui est des services sanitaires et médicaux, les défectuosités de leur fonctionnement ont, à juste titre, ému votre Assemblée dans sa dernière session, et mon administration s'est nettement déclarée d'accord avec vous pour constater que la protection de la santé de nos populations laisse à désirer, et qu'un remaniement de ces services est nécessaire.

Tenant compte du vœu émis par la Commission financière, j'ai mis à l'étude cette importante question. Cette étude a démontré que ces services, comme tout service public, ont besoin, pour marcher, d'un personnel d'exécution non seulement compétent, mais, aussi, comprenant la nécessité de directives techniques, d'instructions et d'ordres, comprenant enfin et avant tout que la bonne volonté dans l'exécution de ces ordres n'est une abdication ni d'amour propre, ni de dignité; que si parfois l'exécution d'un ordre comporte une part d'effacement de la personnalité, c'est là, en somme, le caractère commun de toutes les situations administratives, et leur seule différence avec l'état de rentier.

Une réorganisation du service de l'Assistance publique et du service de l'Hygiène sociale qui s'inspirera de ces directives et de l'intérêt général, s'impose donc à bref délai.

Nous pensions pouvoir faire fonctionner cette année, de façon effective, le Service des enfants assistés. Sauver le plus possible de jeunes existences constitue certainement la tâche primordiale de l'Assistance. Pour que ce service puisse donner d'emblée son plein rendement, il a paru nécessaire de compléter les textes constitutifs par l'adjonction d'un règlement où tous les détails d'exécution et d'administration fussent déterminés. Le Conseil général aura donc à se prononcer sur la valeur de ce document qui a été soumis à l'appréciation de la Commission, instituée à cet effet, et à l'examen de l'autorité supérieure. Le même travail sera présenté l'an prochain pour ce qui a trait à l'assistance aux vieillards, aux infirmes, aux incurables et aux familles nombreuses.

Mais d'ores et déjà, il a semblé possible de prévoir au budget des crédits spéciaux, bien que modestes, pour ces diverses branches d'assistance, de manière à atteindre l'heure désirée où tout nécessiteux sera mis à l'abri des angoisses causées par la vieillesse, l'infirmité et où il sera aussi possible d'alléger les charges de la famille qui s'accroît au delà de ses ressources pécuniaires normales. C'est ainsi que l'on pourra compléter l'œuvre si grandiose de l'Assistance publique en y réservant la part légitime de la veuve et de l'orphelin.

Grâce au dévoué Président de la Fédération des sociétés de secours mutuels, M. le Conseiller général QUESTEL, à qui je rends ici un nouvel hommage pour son très précieux concours aux institutions de mutualité, les œuvres de prévoyance sociale se développent dans la colonie de façon intensive. Cinq nouvelles sociétés se sont créées cette année et il nous est particulièrement agréable d'y compter deux mutualités scolaires. En apprenant à l'enfant, dès les bancs de l'école, les bienfaits du groupement solidaire et de l'épargne, nous préparons une génération mieux adaptée à la rigueur de la lutte pour la vie. Les mutualités, qui groupent actuellement 10.400 membres, peuvent et doivent s'augmenter encore ; le jour est sans doute prochain où la loi sur les assurances sociales sera mise en application et où tous les citoyens pourront envisager l'avenir avec la confiance que donnera la mise à l'abri des aléas causés par la maladie. Jusque-là, l'Administration n'aura pas de plus constant souci que de favoriser l'éclosion de nouvelles sociétés de secours mutuels et la prospérité de celles actuellement existantes.

Enfin les œuvres de prévoyance nées de la guerre ont pu s'intensifier. Le nombre des pupilles de la Nation régulièrement adoptés s'élève, à ce jour, à 74. Les mutilés, réformés et veuves de guerre trouvent près du Comité colonial l'aide morale et le soutien dont ils peuvent avoir besoin. L'aide matérielle ne leur fera pas défaut et nous n'attendons pour cela que l'approbation des budgets qui ont été envoyés au Département.

Si donc il reste encore beaucoup à faire aux Services d'assistance et de prévoyance, nous pouvons néanmoins considérer qu'un effort sérieux a déjà été fait, que des réalisations effectives ont eu lieu dans le passé et dans le présent et nous pouvons envisager avec confiance les charges que nous réserve l'avenir, avec la satisfaction de constater que les crédits qui nous ont été délégués ont pu être employés au soulagement de très nombreuses misères, et conformément au but qu'ils devaient atteindre.

*
* *

Nous attendons incessamment l'arrivée de France d'un médecin bactériologiste investi de la confiance du Département et qui dirigera à Pointe-à-Pitre un laboratoire d'hygiène, devenu de première nécessité pour la colonie.

L'épidémie d'alastrim est en décroissance maintenant; par bonheur, elle n'a comporté qu'une insignifiante mortalité qui suffit pour dessiller tous les yeux sur les ravages qu'aurait causés en notre pays une maladie épidémique plus grave : il nous faut un contrôle bactériologique et un contrôle indiscuté.

Le terrible fléau social et familial qu'est la lèpre continue à se développer dans l'ombre, à la faveur de l'ignorance et de l'indifférence publiques : pour cette matière aussi un contrôle bactériologique indiscutable et des mesures d'ordre général sont nécessaires.

L'organisation d'un service municipal d'hygiène à Basse-Terre et à Pointre-à-Pitre est aussi devenue une impérieuse nécessité; elle suivra immédiatement celle du laboratoire auprès duquel ces services trouveront l'aide technique et la garantie morale nécessaires pour agir, s'il y a lieu, contre les résistances individuelles et mettre fin à une situation sanitaire générale dont la Guadeloupe ne saurait s'enorgueillir.

Nul doute que la population tout entière de nos deux grandes villes soit la première à saluer les bienfaits de ces services.

L'hôpital du Camp-Jacob est en voie de restauration et une maternité vient d'y être ouverte; nous fondons sur elle le ferme espoir de diminuer la mortalité infantile, qui ressort des statistiques, si menaçante pour l'avenir de la population du pays.

L'exemple donné par la colonie devrait être suivi par les municipalités.

Les statistiques locales relatives à la mortinatalité et à la mortalité infantile accusent, en effet, des résultats décevants. En 1921, le chiffre des enfants mort-nés et de moins d'un an s'est élevé à 1.043 et en 1922 à 966. Ces chiffres montrent que la mortalité des enfants au-dessous d'un an représente en moyenne plus du dixième du total des décès chaque année; ils montrent aussi de quelle urgence et de quelle importance est ici la création de maternités, de crèches, gouttes de lait, dispensaires et autres œuvres similaires.

En créant des œuvres de ce genre, où les principes indispensables de puériculture seront vulgarisés, nous assurerons au pays les forces vives dont il a besoin pour travailler à son évolution.

J'ai, dans le même ordre d'idées, inscrit au projet de budget de l'exercice 1924 un crédit 12.000 francs pour la dotation des œuvres d'éducation physique et de préparation militaire.

Si modeste soit-elle, cette inscription de crédit marque un progrès sur les budgets antérieurs; elle traduit la volonté de l'Administration de passer des paroles aux actes.

Du haut de cette tribune, j'ai lancé, l'an dernier, un vibrant appel en faveur des organismes postscolaires et j'ai souligné l'intérêt qu'il y aurait à répandre les universités populaires. Vous savez qu'une bibliothèque publique fonctionne déjà au chef-lieu dans les meilleures conditions de début et qu'une autre sera ouverte à Pointe-à-Pitre en janvier prochain. Mais il ne faut pas que ces organismes deviennent des meubles inutiles. Aussi serait-il désirable que des hommes de bonne volonté, soucieux d'éclairer et de guider la démocratie guadeloupéenne, se chargent du soin d'attirer l'attention de leurs concitoyens sur l'utilité et la haute portée morale des bibliothèques populaires.

Ici encore, un pas de plus est fait sur la route du progrès indéfini; marchons-y résolument.

Notre démocratie, Messieurs, victorieuse de tous les assauts que l'esprit de réaction n'a cessé de lui livrer, s'est organisée dans l'ordre politique, social et moral. Pour assurer son triomphe et fixer sa victoire, il faut mettre en honneur les professions actives : l'agriculture, le commerce, l'industrie, la colonisation, sources intarissables de richesse pour le pays, de joies pures et de bonheur sans mélange pour ceux qui les embrassent.

Aujourd'hui la science est descendue dans l'usine, dans l'atelier et sur le sillon.

Quel qu'il soit, le travail grandit, ennoblit.

Rien ne pourra nous empêcher de poursuivre, dans le travail et la concorde, la réalisation des réformes démocratiques et sociales. Paix, progrès et prospérité, tels sont les mots qui caractérisent, dans son ensemble, la situation de la colonie à ce jour.

Assuré du concours dévoué de mon distingué collaborateur, M. le Secrétaire général BEURNIER, secondé par une Administration consciente de la justice et de l'impartialité qu'elle doit à tous, fort de la haute confiance de M. le Ministre des Colonies, dont la sollicitude éclairée ne fera, j'en suis persuadé, jamais défaut à notre chère Guadeloupe, en collaboration sincère et étroite avec la première Assemblée du pays, je continuerai à marcher avec entrain dans la voie du progrès et de l'effort et alors, grâce à notre action incessante, la Démocratie triomphante poursuivra sa marche vers l'Idéal.

Il m'est très agréable, en terminant, d'assurer à nouveau la si intéressante et laborieuse population de notre île de tout notre dévouement et de votre bienveillante sollicitude, et d'affirmer une fois de plus notre foi inébranlable dans l'avenir de notre colonie. Les conditions dans lesquelles se présente cet avenir exigent de tous un effort immédiat et sérieux pour que soient réalisées les réformes de tous ordres qui seules sont susceptibles d'assurer, en même temps que le progrès matériel et moral de nos concitoyens, la prospérité générale de la Guadeloupe, dont nous voulons avoir l'honneur et la fierté de demeurer les artisans modestes et laborieux.

J'adresse à tous vos compatriotes mes vives félicitations pour la tenacité avec laquelle ils travaillent tous les jours, comme vous, à rendre de plus en plus féconde la vieille terre guadeloupéenne.

Messieurs les Conseillers généraux, en déclarant ouverte votre deuxième session ordinaire de 1923, je puis vous donner l'assurance que le Gouvernement tout entier s'intéresse à la réalisation de notre programme d'action économique et sociale et qu'il gardera le souvenir reconnaissant et fidèle de tout ce que vous avez fait pour la République et pour la Patrie.

Vive la France !

Vive la République !

Vivent la Guadeloupe et Dépendances !

DISCOURS

PRONONCÉ PAR

M. CHANEL

Gouverneur p.i. de la Guyane française,

A LA SÉANCE D'OUVERTURE

DE LA

SESSION ORDINAIRE DU CONSEIL GÉNÉRAL

―――

NOVEMBRE 1888

―――

Discours de M. CHANEL.

Messieurs les Conseillers généraux,

Lorsque, le 12 août dernier, la confiance de M. le Ministre des Colonies m'appelait au Gouvernement de la Guyane française, je voyais se réaliser un de mes désirs les plus chers.

En effet, notre vieille colonie d'Amérique exerçait sur moi, depuis quelques années, une sorte d'attraction ; je m'étais attaché à lire son histoire, à suivre sa carrière souvent héroïque, parfois douloureuse. Et, pour elle, en moi, une affection profonde était née.

La joie, de me voir Guyanais, si sincère à son origine, est devenue plus vive encore après le bienveillant et cordial accueil que m'a réservé la population dont vous êtes les élus.

Comment, dans de telles conditions, ne pas me donner tout entier à l'œuvre, qu'avec votre collaboration, je puis, je dois entreprendre ?

Je crains, Messieurs, de paraître peu qualifié encore pour vous parler, comme j'espère qu'il me sera donné plus tard, des questions vitales qui vous intéressent. Mais je tiens à vous dire, tout de suite, que vous avez au milieu de vous, depuis le 17 novembre, un homme de la meilleure volonté qui, au-dessus de toutes autres considérations, s'attachera, avant tout, à développer et à faire prospérer la Guyane ; un homme tout imprégné de l'admirable formule en laquelle l'éloquence de notre Ministre des Colonies synthétisait récemment les devoirs de ses représentants outre-mer :

Savoir : Oser, Agir.

Messieurs, je m'efforcerai de savoir, j'oserai, j'agirai : vous en avez ma parole.

* *
*

Au cours de cette session de votre assemblée, nombre de problèmes vont retenir vos esprits. J'attire votre attention d'une façon toute spéciale sur les questions d'outillage économique dont le grand colonial dont je viens de parler a tracé un plan magistral actuellement pendant devant les Chambres.

Dans ce plan, la Guyane française paraît ne tenir qu'une faible place. C'est, certainement, Messieurs, parce que M. Albert SARRAUT a voulu ne nous donner que des indications et nous laisser le soin de compléter le chapitre qui nous intéresse.

Nous nous y attacherons, si vous le voulez bien, et je me permettrai de vous donner, sans délai, mon opinion sur trois des plus importants problèmes qui se posent pour la Guyane, quand on parle de son développement économique.

Le premier de ces problèmes est celui de la construction de la route coloniale N° 1. J'ai l'intention de pousser activement ce travail de première utilité, d'y consacrer une partie des ressources que votre assemblée affectera aux travaux publics et d'y faire collaborer étroitement l'Administration pénitentiaire, notamment pour la section Saint-Laurent-Mana.

Le deuxième problème est celui de l'établissement de la voie ferrée. Nous venons d'entrer dans la première période de réalisation. En effet, la mission d'études a récemment regagné Cayenne, après avoir terminé ses travaux sur place. Bientôt la colonie sera en possession d'un projet complètement étudié, chiffré, lequel nous permettra de discuter, sur des bases précises, la possibilité de mise en train de cette œuvre considérable.

Enfin, la question de l'aménagement du port de Cayenne doit être complètement étudiée. Dès l'arrivée de l'ingénieur dont j'ai obtenu l'affectation, nous pourrons entrer dans les détails techniques de cette importante affaire et prendre à son égard une position bien nette.

D'autres travaux d'intérêt général, si de moindre importance, doivent être exécutés cette année. Je vous les soumettrai dans un instant, après vous avoir exposé la situation financière de la colonie et entretenu d'une question, qui, depuis quelque temps, semble préoccuper particulièrement l'opinion publique aussi bien dans la Métropole qu'en Guyane.

Cette question est celle du concours que l'Administration pénitentiaire doit apporter au développement de ce pays. Et, bien que le fonctionnement de cet important service, sa réglementation, échappent à la compétence de cette assemblée, mon silence, à son sujet, pourrait, à l'heure actuelle, vous surprendre, et je dois à tous mon opinion.

Messieurs, cette opinion est bien nette. Je répéterai, je crois, une phrase trop souvent prononcée en affirmant que l'installation en Guyane des services pénitentiaires n'a pas eu, pour la colonie, les heureux résultats que l'on était en droit d'espérer, que le Législateur avait escomptés, en raison des sacrifices consentis et au sujet desquels il a fréquemment manifesté sa volonté très précise.

Il semble pourtant que le but si clairement indiqué aurait pu être atteint. D'aucuns vous diront même qu'un résultat de cet ordre eût été l'équitable contre-partie de cette sorte de discrédit dont souffre la Guyane du fait de l'installation sur son territoire des services en cause. J'estime, pour ma part, et je vous parlerai sans détours, sachant que ma voix franchira les portes de cette enceinte, que l'Administration pénitentiaire est défaillante et cela pour des causes souvent profondes, parfois très simples, extérieures ou locales, dont elle ne doit pas, peut-être, supporter l'entière responsabilité, que je n'ai du reste pas à exposer ici, mais auxquelles il faut remédier.

Il me paraît nécessaire, indispensable, que la colonie trouve dans les services de la transportation le concours le plus entier, le plus efficient, j'ajoute le plus loyal, pour l'œuvre que nous avons à entreprendre ou à poursuivre. Je suis certain — et j'ai déjà la preuve que les hauts fonctionnaires du Département des Colonies, mes grands chefs, ne s'avançaient pas trop quand ils me l'affirmaient en me confiant de précieuses directives — je suis certain, dis-je, qu'il existe, à tous les degrés de la hiérarchie de l'Administration pénitentiaire, des esprits désireux de réformes, avides de bien faire, des volontés aussi ardentes que réfléchies, prêts à se donner de tout cœur à une œuvre de progrès. Je les connaissais déjà et les apprécie maintenant mieux encore. Appuyé sur leur haute compétence, laquelle étayera une action que rien ne pourra lasser, je m'attacherai à faire disparaître chez certains un regrettable esprit de routine, à faire éclater l'étouffante armature de règlements souvent inapplicables, presque toujours surannés, qui entravent et brisent toute initiative. Je préparerai, en en soumettant à votre assemblée les parties qui l'intéressent, un plan de réformes, lequel permettra enfin à l'Administration pénitentiaire de donner la mesure réelle de sa valeur, de « vivre avec la colonie » et, j'ajouterai, de vivre économiquement, d'apporter, comme tant de ses fonctionnaires le souhaitent, répondant ainsi au désir très net du Département, d'apporter, enfin, la pierre journalière à l'édifice de notre prospérité dont j'entends poursuivre la construction.

*
* *

Je reviens, Messieurs, à la situation financière de la colonie, au projet de budget qui vous est soumis ainsi qu'à des projets d'augmentation de taxes qui vous sont proposés.

Un exposé précis de cette situation doit vous être présenté. En effet, pour travailler dans le domaine qui est ouvert à notre action, pour entreprendre la réalisation du plan que je vous soumets, et que nous compléterons d'un commun accord, beaucoup d'argent sera nécessaire.

Il nous faut donc, Messieurs, des finances saines, et c'est là, pour la Guyane, une question sinon grave, du moins de particulière importance.

Il est donc de mon devoir étroit de vous exposer la situation financière telle qu'elle se présente, de vous mettre en face d'un bilan des plus précis.

I. — SITUATION FINANCIÈRE

Au 31 mai 1923, la situation était la suivante :

fr. c.

Le déficit de l'exercice 1921 s'était élevé à. ...	434.816.83
et celui de 1922 à.....................	989.059.05
Soit au total.....................	1.423.875.88

La colonie n'a, pour faire face à cette situation, que l'avoir de sa caisse de réserve dont l'actif est de........... 293.066.79 se décomposant comme suit :

Numéraire............................	57.066.79
12.000 francs de rente 3 p. 100 qui, au cours moyen de 59, francs donnent un capital de......	236.000 »

En définitive, nous devons donc constater un manquant de :

$$1.423.875.88 - 293.066.79 = 1.130.899 \text{ fr. } 09.$$

Il s'agit là d'une situation troublante, née de circonstances diverses et qui ne saurait être imputée à quiconque. Je vous prie de retenir, en effet, que les exercices 1921 et 1922 ont eu à supporter les rappels de solde qui se sont élevés à 2 millions de francs en chiffres rond.

Cette situation, objet de mes préoccupations, exige des remèdes qui, pour le moment, du moins, ne doivent à mon avis, être recherchés que dans l'augmentation de la quotité de certaines taxes existantes. Car, je n'estime pas qu'il puisse être question actuellement, de recourir à des mesures d'un ordre tout nouveau.

Ces mesures nécessiteraient, en effet, une étude approfondie tant pour leur base que pour les conditions de leur application, leurs incidences etc... et, dans le délai restreint qui m'était imparti, il ne pouvait être question pour moi de rechercher de telles créations. Mais, il est dans mes intentions d'étudier, en collaboration avec votre Assemblée, des projets de cet ordre. J'estime qu'il est indispensable que dans un laps de temps très restreint nous puissions être à même de constater la parfaite santé de nos finances. C'est vous dire, Messieurs, que j'espère arriver à cet heureux stade sans être amené à emprunter soit en France, soit à notre Banque locale.

Je ne crois pas, du reste, que cette opération devienne obligatoire. Elle me semblerait, pour le moment, fort délicate et bien lourde de conséquences. Si, cependant, elle s'imposait, je serais conduit à vous soumettre certaines idées particulières à ce sujet et qui, se basant sur le principe de la solidarité des colonies, nous mettraient sans doute à même d'obtenir les sommes jugées nécessaires, en diminuant considérablement les charges qui en résulteraient pour la Guyane.

J'ajouterai, puisque je parle d'équilibre financier, qu'il est de mon devoir d'attirer votre haute attention sur l'obligation d'une politique de stricte économie, basée sur une étude serrée des possibilités de réduction des dépenses qui incombent à notre budget.

*
* *

Pour être complet sur la question financière, il m'appartient, maintenant, de vous donner un aperçu de la marche de l'exercice courant :

Au 3o septembre, la situation était la suivante :

		fr. c.
Recettes.	Titres émis....................	5.729.159 40
	Recouvrements effectués......	4.921.904 05
	Restes à recouvrer..........	807.255 35
Dépenses.	Mandats émis................	5.786.355 80
	Paiements effectués........	5.077.553 61
	Restes à payer.............	708.802 19

La balance était donc la suivante :

Recouvrements effectués..............	4.921.904 05
Paiements effectués.................	5.077.553 61
Déficit apparent.....	155.649 56

Au 1ᵉʳ novembre :

Les titres émis s'élèvent à............	6.833.800 71
Les mandats émis à...................	6.814.268 93
d'où une balance favorable apparente de......	19.531 78

Si j'ajoute que tout laisse supposer que les plus-values des
recettes douanières constatées en octobre dernier se continueront
jusqu'à la fin de l'année, je crois pouvoir dire que notre exercice
se présentera dans d'assez bonnes conditions.

Toutefois, je ne puis savoir exactement, à ce jour, quel sera le
montant des restes à recouvrer à la fin de l'exercice. Je ne puis,
non plus, apprécier si nos provisions constituées en France seront
suffisantes.

Peut-être y aura-t-il dans ces conditions, déficit, mais, alors,
ce déficit sera de faible importance.

Et, cependant, l'exercice 1923 a eu à faire face à certaines
dépenses non prévues au budget : frais occasionnés par la Mission
de chemin de fer et mise en état du Lazaret. De plus, il a été
permis, pour donner satisfaction aux désirs légitimes exprimés par
les Corps élus et les représentants du commerce, d'édifier sur les
quais un hangar supplémentaire destiné à abriter les marchandises
venant de l'extérieur.

Un poste de T. S. F. a été installé à l'Oyapoc et fonctionne,
actuellement. Cette question de T. S. F. locale fera, de ma part,
l'objet d'une étude particulière.

II. — PROJET DE BUDGET

Dans le projet de budget qui vous est soumis, il n'a pas été
fait état, intentionnellement, des augmententions de taxes qui vous

sont proposées. Il serait prudent, en raison de la situation signalée ci-dessus, de réserver une part importante des recettes nouvelles pour compléter l'avoir de notre caisse de réserve et pour atténuer, dans une certaine mesure, le solde débiteur des exercices antérieurs. Je compte, à ce sujet, sur votre connaissance approfondie des besoins du pays pour faire une répartition judicieuse de ces recettes supplémentaires.

Pour le détail de mes propositions, l'exposé des motifs vous fournira toutes indications utiles.

Je vous demanderai, alors que vous étudierez cette question, de retenir l'urgence de quelques travaux.

Si je vous ai parlé, en effet, au début de cet exposé, des grands travaux dont la Guyane envisage l'exécution, il me paraît, de plus, indispensable de prévoir pour cette année certains ouvrages d'une indéniable utilité. Ce sont :

L'aménagement supplémentaire de notre établissement secondaire, qui, dans un avenir rapproché (la classe de seconde a été ouverte cette année) doit devenir un collège de plein exercice ;

L'étude de l'extension et de l'amélioration des formations sanitaires, et notamment : la continuation des travaux entrepris pour la mise en état du Lazaret et la réfection, partielle tout au moins, dela Léproserie ;

L'installation d'un Laboratoire d'agriculture.

*
* *

Pour tout ce programme, Messieurs, qui n'a du reste rien de limitatif, je m'excuse de ne vous apporter aucune proposition de crédit. Je me suis, en effet, trouvé, à mon arrivée, en présence d'un projet de plan de campagne qui ne comporte pas de devis : M. le Gouverneur intérimaire CANTAU, dont vous avez pu apprécier la haute compétence et le dévouement aux intérêts de la colonie n'a pu, comme moi-même, faire exécuter à ce point de vue, un travail complet. Combler cette lacune regrettable, due à une cause de force majeure, sera la première tâche de l'Ingénieur, Chef de service, de même qu'il lui appartiendra de faire exécuter dans la limite des crédits globaux que vous déterminerez et dans leur ordre d'urgence, les travaux que fixera le plan de campagne.

Retenez, aussi, Messieurs, que nous aurons, dans le courant de l'année prochaine, à solder le reliquat des sommes dues à la Mission de chemin de fer.

III. — AUGMENTATION DE TAXES

Des rapports spéciaux vous sont fournis, l'un sur la taxe de consommation intérieure sur les tabacs ; l'autre relatif au droit de circulation sur la gomme de balata et sur l'essence de bois de rose. La Chambre de commerce consultée, a émis un avis favorable.

IV. — AFFAIRES DIVERSES

J'en retiens tout particulièrement deux.

La première est relative à la réorganisation du Collège, la seconde à la question des assurances maritimes.

Pour la réorganisation du Collège qui doit faire l'objet d'un décret, il s'agit d'une affaire déjà ancienne qui revient devant vous aujourd'hui pour une mise au point définitive.

Enfin, pour les assurances maritimes, le rapport spécial qui vous est soumis vous fournira toutes explications nécessaires.

MESSIEURS,

Je ne terminerai pas cet exposé sans vous assurer à nouveau de mon désir profond d'être en Guyane française, le bon ouvrier.

Vous trouverez peut-être mon programme insuffisamment étoffé, trop bref ; mais il me paraîtrait bien osé de faire miroiter à des yeux aussi avertis que les vôtres, des espérances que l'avenir pourrait infirmer. Il me semble meilleur, alors que je ne suis pas encore en pleine compétence, de rester au-dessous des possibilités, quand bien même ces possibilités revêtiraient déjà un caractère de quasi-certitude et de réserver la part qui doit revenir à une étude assidue, approfondie, complète.

Je préfère du reste l'action à la parole, les résultats aux trop faciles promesses.

Pour exécuter le programme que je vous soumets, je vous demande de me conserver une collaboration étroite et constante.

Respectueux des droits de cette Assemblée, j'ai pour but principal de travailler en toute indépendance réciproque avec les représentants du peuple à la prospérité de la Guyane française, partant, à la grandeur de la Patrie.

Messieurs, je déclare ouverte votre session ordinaire de 1923.

Vive la France !

Vive la République !

Vive la Guyane française !

DISCOURS

PRONONCÉ PAR

M. H. D'ARBOUSSIER

Gouverneur p. i. de la Nouvelle-Calédonie et Dépendances,

A L'OUVERTURE

DE LA

DEUXIÉME SESSION ORDINAIRE DU CONSEIL GÉNÉRAL

———

18 NOVEMBRE 1928

———

Discours de M. H. d'ARBOUSSIER

MESSIEURS LES CONSEILLERS GÉNÉRAUX,

M. le Gouverneur REPIQUET, frappé par la maladie en pleine force, a dû interrompre, pour peu de temps nous l'espérons tous, le labeur acharné qu'il consacrait, il y a peu de jours encore, à ce pays qu'il aime et où il servait depuis si longtemps. Cette circonstance me donne aujourd'hui l'honneur de me trouver parmi vous pour ouvrir, dans la forme traditionnelle, votre session budgétaire.

Je serai, j'en suis sûr, l'interprète de tous, de la population, dont vous êtes, Messieurs, les représentants ; de nous, fonctionnaires qui hier servions sous ses ordres, en adressant à M. REPIQUET l'expression des regrets qu'a laissés en Calédonie son départ prématuré et tous nos vœux de prompt rétablissement et de retour parmi nous.

Lié avec le Gouverneur REPIQUET par une vieille amitié, commencée sur les bancs de l'école, me considérant ici non comme son successeur mais comme son remplaçant temporaire, vous ne serez pas surpris, Messieurs, que je m'inspire de ses exemples. Un d'eux me tient particulièrement à cœur : à son retour à Nouméa, en 1921, il vous disait, de cette place même, qu'il voulait rester simplement l'administrateur du pays, et, en dehors des partis, être celui qui concilie et qui apaise et non celui qui divise. Je ne veux pas être autre chose, regardant tous les citoyens comme ayant des droits et des devoirs égaux dont ils doivent jouir et qu'ils doivent remplir dans le respect de la loi.

Dans la tâche longue ou brève que je dois accomplir ici, nous aurons, Messieurs, des rapports fréquents, nous serons parfois d'accord, parfois surviendront entre nous des divergences d'idées ; comme je vous le disais la première fois que je vous rencontrais : entre gens de bonne foi, il y a toujours moyen de s'entendre. Je puis vous assurer que vous trouverez toujours chez moi cette bonne foi et la volonté ferme de ne pas faillir à mes responsabilités.

MESSIEURS LES CONSEILLERS GÉNÉRAUX,

J'ai l'honneur de soumettre à votre examen le projet de budget pour l'exercice 1924 ; ce budget n'est pas mon œuvre, tout nouveau venu parmi vous, il serait un peu ridicule de ma part d'avoir pour cet ouvrage le moindre amour-propre d'auteur ; cela me permettra, Messieurs, de vous en parler avec la plus grande liberté.

Ce projet a été préparé par M. le Secrétaire général intérimaire Boisivon avec la compétence, la conscience, l'amour du travail bien fait qui caractérisent cet excellent fonctionnaire, auquel je suis heureux de rendre ce public hommage ; en le faisant, je sais interpréter les sentiments de tous ceux qui le connaissent en Nouvelle Calédonie.

MESSIEURS LES CONSEILLERS GÉNÉRAUX,

Je laisse donc à M. Boisivon le soin de discuter en détail le projet de budget. Je voudrais, pour moi, vous exposer simplement quelques réflexions d'ordre général, et essayer de vous convaincre de la nécessité de vous rallier aux conclusions que nous déposons devant vous.

Le projet de budget pour 1924 s'élève, en recettes et en dépenses, à la somme de 11.288.940 francs en augmentation, par rapport aux prévisions du budget actuellement en cours de 642.182 francs.

En dépenses, l'augmentation de plus de 600.000 francs que je vous signale, s'explique de la façon suivante.

On peut espérer que l'emprunt en projet sera émis dans le courant de 1924 ; escomptant que la souscription n'aura pas lieu dès le début de l'année et qu'elle s'échelonnera sur plusieurs mois, nous avons prévu la moitié de l'annuité de 180.000 francs soit 90.000 francs.

Secondement, et ici je touche à un point brûlant, nous avons relevé les prévisions pour frais de passage de 220.000 francs. Les années précédentes, dans l'espoir de voir notre change s'améliorer et, par voie de conséquence, le prix de toutes choses baisser, on a fait à ce titre des provisions beaucoup trop faibles ; de là la nécessité d'ouvrir des crédits supplémentaires, et vous ne l'ignorez pas, il faut voir dans cette manière d'agir une des causes des déficits constatés dans les exercices précédents.

Je le sais, Messieurs, émus de cette situation, vous vous êtes élevés avec force contre l'octroi des congés aux fonctionnaires en service en Nouvelle-Calédonie et vous avez demandé la suppression presque totale de ce que vous considériez comme une faveur.

Mais les congés sont, sous des conditions prévues par les règlements, un droit pour les fonctionnaires des cadres généraux ; peuvent aussi y prétendre certains agents locaux ; je suis certain, Messieurs, que vous n'admettez pas une minute qu'ayant passé avec ces fonctionnaires un contrat, nous puissions ensuite en contester une clause.

Vous me permettrez de traiter peut-être un peu longuement cette question, parce qu'elle a été une cause de friction entre l'Assemblée et l'Administration et que cette friction doit disparaître.

M. REPIQUET vous a exposé, à l'ouverture d'une de vos sessions, que le nombre des fonctionnaires métropolitains était infime ; quelques chefs d'administration et de services, quelques spécialistes que la colonie, trop jeune, n'a pu encore former : ce sont des magistrats, des médecins, des ingénieurs des professeurs, tous, vous le reconnaîtrez, indispensables à la vie sociale et économique du pays.

Pour l'Administration de la Justice, beaucoup de gens, je le sais, estiment que dans ce petit pays où les amitiés et les inimitiés sont parfois vives, il y a intérêt à voir des magistrats venus du dehors, sans attaches locales, départager les justiciables qui ont recours à eux. A Dieu ne plaise qu'on me fasse dire que j'entends par là qu'un magistrat né dans le pays n'y puisse exercer sa charge avec honneur : j'exprime ici une opinion que j'ai entendue, dans maintes conversations, avec des gens d'opinions très diverses.

En ce qui concerne les médecins, justement soucieux de la santé publique, vous avez manifesté, à plusieurs reprises, le désir d'en voir augmenter le nombre ; il est bien certain que ces praticiens doivent être recrutés au dehors ; comme je le disais tout à l'heure, la colonie est encore trop jeune pour avoir pu former le personnel spécialisé, il en est de même pour les professeurs, les instituteurs et d'autres.

Eh bien ! Messieurs, tant que nous serons dans cette obligation de recruter à l'extérieur certains serviteurs du pays, il faut avoir le courage de comprendre et de dire qu'il est essentiel de leur consentir quelques avantages pour les attirer et les retenir, ou bien

il faut se résoudre à se replier sur soi-même, à végéter et à
mourir.

Parmi ces avantages figure le droit au congé, nous devons
donc le prévoir et en faire état ; pour les agents locaux, certains
d'entre eux sont entrés au service de la colonie à une époque où
on leur offrait la possibilité d'obtenir des congés pour l'Europe ;
il est de simple honnêteté pour nous de tenir, vis-à-vis d'eux, des
engagements formels.

Enfin, Messieurs, le programme des travaux publics présente,
pour 1924, une augmentation de 300.000 francs par rapport à
celui de 1923. Vous n'ignorez pas que cette année nous avons
été arrêtés, faute de crédits, dans l'exécution de travaux dont l'utilité vous paraît urgente. Grâce à l'inscription de crédits plus élevés,
ils pourront, en 1924, être repris et, je l'espère, poussés énergi-
quement.

Pour faire face aux dépenses, qui sont toutes d'ordre courant
et nécessaires, pour assurer, vaille que vaille, la marche des services
publics, nous avons à notre disposition des taxes anciennes dont
le rendement fléchit d'année en annnée, par suite des circonstances,
et qui sont loin d'assurer l'équilibre du budget. Cette situation
n'est pas nouvelle et a été signalée à votre vigilance depuis au
moins deux ans. Vous ne l'ignorez pas, en 1921 et en 1922, le
budget s'est soldé par des déficits très sérieux, dont nous traînons
encore le poids mort. Je vous ai exposé une des cause de ce déficit ;
le mauvais rendement des impôts existants en est une autre.

En 1923, par une chance qu'on peut appeler inouïe, nous
voyons la situation brusquement changer, et des ressources extraordinaires sont venues combler le déficit nouveau, de trois millions
cette fois, qui nous menaçait encore, et nous ont permis d'assurer
au jour le jour nos services sans contracter de nouvelles dettes ;
nous avons même pu régler une petite partie de notre arriéré. Ces
ressources ont été, en 1923, le paiement d'une dette de l'État envers
la colonie et la contribution extraordinaire sur les bénéfices de
guerre.

Pour 1924, le budget, en n'en comptant que ses ressources
normales, présentait un excédent des dépenses sur les recettes de
3.600.000 francs ; la contribution extraordinaire sur les bénéfices de
guerre vient, encore un coup, nous tirer d'embarras, puisque, sur un
budget d'un peu plus de 11 millions, elle figure pour 3.300.000 frs.,
c'est-à-dire pour près du tiers du total. Ne dirait-on pas qu'une

fée bienfaisante nous ait, tout en nous laissant en sonder la profondeur, retenus sur le bord du gouffre où nous étions prêts à tomber.

Car, Messieurs, il faut y songer, depuis 1920 jusqu'à la fin de 1923, nous aurons pourvu à nos dépenses ordinaires en utilisant 10 millions de ressources extraordinaires. Et, que dis-je, Messieurs ? assuré nos dépenses extraordinaires ! nous ne l'avons pas fait, puisqu'en 1921 et 1922 nous avons vu nos dépenses excéder de loin nos recettes et que nous sommes obligés d'envisager un emprunt, non pas seulement pour faire de grands travaux, améliorer et compléter notre outillage économique, mais pour payer nos dettes.

En 1924 nous continuerons donc ce que nous avons fait les années précédentes — et des ressources extraordinaires, qui auraient pu trouver un emploi, par exemple, pour des travaux neufs ou qui auraient pu nous servir à payer nos créanciers — ces ressources, dis-je, sont engagées d'avance pour assurer simplement la marche des services.

Il y a là un danger et je commettrais, Messieurs, une lourde faute, en ne vous le signalant pas de nouveau ; ces contributions, créées par les circonstances, auront une existence très courte, et il ne faut pas être grand prophète pour prévoir le moment où elles nous feront défaut.

Si donc, pour 1924, nous pouvons vous présenter un budget qui s'équilibre sans la création de taxes nouvelles, il n'en sera pas de même les années suivantes, et, dès 1925, il faut s'attendre, sinon à voir disparaître, du moins à voir diminuer, dans une proportion qu'il n'est pas aisé de déterminer aujourd'hui, le rendement de ces impôts de guerre. C'est pourquoi M. le Secrétaire général vous entretiendra au cours de votre session de la nécessité absolue dans laquelle nous nous trouvons de vous demander de voter certaines taxes, en particulier celles dont la mise en application exige de longs délais, par suite de l'approbation nécessaire du Pouvoir central.

Messieurs les Conseillers généraux,

Je vous demande de prévoir l'avenir ; vous me répondrez qu'à chaque jour suffit son mal et que, puisque le budget de 1924 se tient, nous avons bien le temps d'étudier les mesures à prendre pour 1925 et les années futures. Je vous ai dit que certaines formalités nous mettent dans l'obligation d'agir rapidement et sans délais. Vous me direz encore que vous voyez le remède à notre situation dans la compression des dépenses et une stricte économie.

Messieurs, je suis un trop vieux fonctionnaire pour croire et pour dire que l'Administration est sans défaut et qu'il ne s'y commet point d'abus. Ni les méthodes, ni les hommes qui les appliquent ne sont parfaits ; il y a des fonctionnaires négligents, il peut y avoir des fonctionnaires malhonnêtes, il peut se produire des gaspillages, peut-être, même, des faits plus graves. Je ne suis disposé ni à souffrir les uns, ni à couvrir les autres. Autant — et j'ose dire que c'est l'honneur de ma carrière — je soutiendrai les fonctionnaires qui, dans la limite des moyens mis à leur disposition, font leur devoir, autant je suis prêt, si les faits certains sont portés à ma connaissance, à punir ceux qui s'en écarteraient et ne donneraient pas au pays dont ils sont les serviteurs tout ce que celui-ci peut en attendre.

Mais, à mon avis, la question n'est pas là. Ce pays, peu peuplé pour son étendue, a, par la force des choses, un cadre administratif qui n'est pas à sa taille. Peut-on le réduire plus qu'il ne l'est actuellement? Je réponds non, ou il faut s'exposer à tout désorganiser.

En France, le bureau de poste d'un chef-lieu de canton rural, avec une receveuse, deux employés et quelques facteurs dessert dix à douze mille habitants ; une brigade de gendarmerie et quatre ou cinq gardes champêtres maintiennent l'ordre parmi ces habitants ; on peut ainsi parler des écoles ; une route sur laquelle rouleront cent automobiles par jour ne coûtera pas plus cher à construire, je ne dis pas à entretenir, qu'une autre sur laquelle passera une seule voiture.

Dans la brousse calédonienne, combien d'enfants fréquentent une école, combien d'habitants sont désservis par un bureau de poste? Et, cependant, Messieurs, notre population veut son bureau de poste, elle veut son école, elle veut travailler en paix et voir régner l'ordre, elle veut sa route enfin, et nul ne songe à l'en priver, je pense; mais tout cela il faut évidemment le payer.

Cette disproportion, entre le nombre des contribuables et les charges qu'ils doivent supporter pour jouir du minimum des avantages que présente un pays civilisé, constitue un problème à peu près insoluble à l'heure actuelle, et c'est là qu'il faut chercher la gêne où nous nous trouvons au point de vue budgétaire. Ce problème ne trouvera une solution satisfaisante que par le développement de la population, et, par suite, une autre répartition des charges, qui, on peut l'assurer, n'augmenteront pas en proportion.

Pour le présent, je tiendrai la main à ce que toutes les économies compatibles avec la marche des services soient faites ; en envisager d'autres me paraîtrait un manquement à mes devoirs.

MESSIEURS LES CONSEILLERS GÉNÉRAUX,

Je ne voudrais pas être accusé d'avoir poussé les choses au noir ; mais notre situation n'est pas extraordinairement brillante : nous sommes contraints de prévoir un emprunt pour payer nos dettes criardes ; c'est là une coutume assez répandue chez les fils de famille, mais qui n'est pas à conseiller dans une administration publique ; nous équilibrons nos budgets avec des ressources qui, d'ici peu de temps, vont nous manquer. Panurge en usait ainsi, qui mangeait son blé en herbe. J'aimerais mieux, je l'avoue, que, pareils à la prudente fourmi, nous eussions devant nous d'abondantes réserves et que nous puissions parer aisément aux coups que le sort peut nous porter.

Cette réserve aurait pu être créée, Messieurs, si les taxes nouvelles que vous a demandées, à plusieurs reprises, le Gouverneur titulaire avaient été votées, et si nous avions pu, par ce moyen, mettre en équilibre nos budgets par des procédés normaux ; nous aurions aujourd'hui à notre disposition les sommes considérables produites par les contributions extraordinaires : nous pourrions payer nos dettes, organiser nos travaux sans emprunter, c'est-à-dire sans engager gravement l'avenir.

Lorsque par vos votes vous avez refusé de nous suivre, vous pouviez escompter des miracles, la poule aux œufs d'or était là ; aujourd'hui les miracles sont finis ou prêts de finir ; la source que nous avions trouvée pour étancher notre soif dans le désert de notre budget est tarie ou si près..... C'est pourquoi je vous dis encore une fois avec instance : « Messieurs, regardez dans l'avenir. » Nous sommes sur le bord d'une large rivière, il pleut dans la montagne, je vous dis : « Jetons-nous à l'eau et passons sans attendre que le courant nous roule et nous emporte ».

MESSIEURS LES CONSEILLERS GÉNÉRAUX,

Vous pardonnerez la franchise un peu brutale d'un homme que sa formation a peu préparé à prendre la parole devant les assemblées. Un de mes chefs, qui était un grand chef, M. le Gouverneur général Clozel, me disait : « Vous, au moins, vous ne cherchez pas midi à quatorze heures ».

J'espère n'avoir pas changé et, placé devant une situation j'essaie de la regarder et de la comprendre.

Ce pays traverse une crise ; où est dans le monde la contrée dont on peut ne pas en dire autant ? Crise de main-d'œuvre, crise de vie chère, crise budgétaire : oui ! de tout cela nous en souffrons. Mais la population qui habite ce pays est vaillante, elle mérite qu'on lui dise la vérité ; elle veut et elle peut passer ces mauvais jours.

A vous qui êtes ses représentants, je dis, moi chargé pour longtemps ou pour peu de jours de la direction des services publics de cette colonie : « Messieurs, j'ai besoin de votre collaboration ; je vous la demande ; je vous promets la mienne ».

MESSIEURS LES CONSEILLERS GÉNÉRAUX,

Je déclare ouverte votre deuxième session ordinaire de 1923.

Vive la France !

Vive la République !

Vive la Nouvelle-Calédonie !

MELUN IMPRIMERIE ADMINISTRATIVE — A G C 2600 R

www.ingramcontent.com/pod-product-compliance
Lightning Source LLC
LaVergne TN
LVHW021707060726
842527LV00003B/1034